波段交易
实战买卖点

鑫股有道 ◎ 编著

中国宇航出版社
·北京·

版权所有　侵权必究

图书在版编目（CIP）数据

波段交易实战买卖点 / 鑫股有道编著. -- 北京：中国宇航出版社，2023.10

　ISBN 978-7-5159-2289-8

Ⅰ．①波… Ⅱ．①鑫… Ⅲ．①股票交易－基本知识 Ⅳ．①F830.91

中国国家版本馆CIP数据核字(2023)第179468号

策划编辑	田芳卿	**封面设计**	元泰书装
责任编辑	吴媛媛	**责任校对**	卢　册

出版发行	中国宇航出版社		
社　址	北京市阜成路8号	邮　编	100830
	（010）68768548		
网　址	www.caphbook.com		
经　销	新华书店		
发行部	（010）68767386		（010）68371900
	（010）68767382		（010）88100613（传真）
零售店	读者服务部		
	（010）68371105		
承　印	三河市君旺印务有限公司		
版　次	2023年10月第1版		2023年10月第1次印刷
规　格	710×1000	开　本	1/16
印　张	12.75	字　数	168千字
书　号	ISBN 978-7-5159-2289-8		
定　价	49.00元		

本书如有印装质量问题，可与发行部联系调换

PREFACE 前言

众所周知，绝大多数个股每年都会有一段30%以上的波段行情，其中不乏翻倍的强势股。波段行情利润空间大，持续时间从几周到几个月不等，因此通常波段操作是非常有利可图的交易方式。

把握波段行情的交易方法一般以中线波段交易法为主。相对于短线交易，中线波段交易法主要使用周线和日线，无须投资者时刻盯盘，甚至不需要每天都看，因此不会影响正常的工作和生活，非常适合普通投资者。

股价运动遵循自然法则，涨涨跌跌的背后有其规律和逻辑。本书道法自然，把股市的年度波段行情与古老的东方智慧相结合，为读者打造了一套高效、精准的实战模式。

一年有四季，一个波段行情也有四个阶段。春天播种，类比买股票；夏天生长，类比持股待涨；秋天收获，类比卖股票；冬天储藏，类比持币观望，等待春暖花开。实际交易流程则是"空仓等待—底部买进—跟随涨势—落袋止盈"四个步骤。

空仓等待类比冬藏。投资者耐心等待筑底成功，通常情况下，股票的筑底阶段要花几周、几个月，甚至一两年的时间。个股的筑底阶段，投资者不能参与其中。一则是为了减少时间成本，二则是可以回避筑底失败的风险。

底部买进则是春生。成功筑底的个股会在K线图上呈现明确的信号，先是周线，后是日线。首先观察周线是否出现止跌信号，这个时候不能着急，要等周线出现买点信号后，再开始关注日线。关注日线的目的是等待更安全、更具技术优势的进场点。本系统寻找日线进场点有三种方法：逆转 K 线找买点、底部形态找买点，以及技术指标找买点。

跟随涨势等同于夏长。一段涨幅可观的波段行情是需要足够的时间来完成的，不可能几天就涨完。因此，买入之后不是简单躺平就赚钱，还需要使用正确的趋势跟随技术来持股跟涨，尽量获得更多的利润。本系统的趋势跟随技术可以帮助投资者提前预判可能遇到的强阻力位和阶段性高点，实战性极强。

落袋止盈就是秋收。割麦子时镰刀下去要果断，当股价到达目标止盈价位时，投资者最好采取主动止盈的方式，将账面上的浮盈落袋为安。从依据技术指标卖出，到依据不同量化策略计算目标价位，书中给出了四种研判卖点的方法。

学习和掌握波段行情的知识点和具体交易方法并不是一件容易的事。本书采用了大量案例进行详细阐述，方便读者理解本交易系统背后的原理和逻辑。建议读者先对书中提到的每一种方法逐个掌握，然后再综合使用，这样才能融会贯通、灵活运用。

鑫股有术勤为径。本交易系统的关键点在于**择时**。择时并不是很多人认为的神秘方法或是玄学，而是 K 线图上呈现的明确信号，读者必须强化训练读图能力。本系统的读图能力包含划分价格空间、周线级别与日线级别的走势切换分析，快速识别关键逆转 K 线和底部形态，以及技术指标的多空分界和背离，等等。

鑫股有道须大悟。股票跌多了就会涨，涨多了就会跌。涨涨跌跌就是股道。祝愿所有读者交易成功，鑫股有利。

编者

2023 年 8 月

目录 CONTENTS

第一章 中线波段交易的原理

一、四季循环与股价的中线波段 / 3

 1. 交易原理图 / 3

 2. 交易流程图 / 4

二、基本分析工具 / 6

 1. 市场结构 / 6

 2. 辅助分析和交易工具 / 11

三、中线波段交易者的成功之路 / 14

 1. 符合股市规律、符合时宜 / 14

 2. 先看大盘，再看板块，最后看个股 / 15

 3. 坚持自己的交易系统 / 15

 4. 克服贪婪与恐惧的负面情绪影响 / 16

第二章 冬藏——持币等待中线买入信号

一、重点关注周线形态 / 19

二、股价蛰伏在周线级别表现为多均线黏合走平 / 20

  1. 实例一：贵研铂业（600459）/ 21

  2. 实例二：士兰微（600460）/ 22

  3. 实例三：巨轮股份（002031）/ 23

三、周线级别的历史支撑区间是中长期供需关系的体现 / 25

  1. 历史支撑区间 / 25

  2. 25%～33% 的历史价格空间 / 25

  3. 前一次盘整阶段的历史低点区域 / 29

  4. 上涨回挡时的前一处历史价格平台 / 31

第三章　春生——依据日线建仓

一、日 K 线买股票的三种方法 / 35

  1. 利用日 K 线的探底 K 线研判 / 36

  2. 利用日 K 线的底部形态研判 / 36

  3. 技术指标买入法 / 36

二、日 K 线关键逆转 K 线买入法——探底锤子线 / 37

  1. 实例一：苹果（AAPL）/ 38

  2. 实例二：山西汾酒（600809）/ 40

  3. 实例三：深振业 A（000006）/ 42

三、日 K 线关键逆转 K 线买入法——探底十字线 / 44

  1. 实例一：新希望（000876）/ 45

  2. 实例二：士兰微（600460）/ 46

  3. 实例三：中金黄金（600489）/ 49

四、日 K 线关键逆转 K 线买入法——底部红三兵 / 51

1. 实例一：德赛电池（000049）/ 53

2. 实例二：深长城（000042）/ 56

3. 实例三：联美控股（600167）/ 58

五、经典底部形态买入法——双重底的三处买点 / 60

1. 技术要点及三处买点 / 60

2. 实例一：美国超微公司（AMD）/ 64

3. 实例二：海隆软件（002195）/ 70

4. 实例三：金宇集团（600201）/ 74

5. 实例四：诺普信（002215）/ 77

六、经典底部形态买入法——头肩底的两处买点 / 80

1. 技术要点及两处买点 / 80

2. 实例一：新民科技（002127）/ 82

3. 实例二：国投新集（601918）/ 86

4. 实例三：国投新集（601918）/ 89

5. 实例四：华资实业（600191）/ 92

七、经典底部形态买入法——三重底的两处买点 / 93

1. 技术要点及两处买点 / 93

2. 实例一：潍柴重机（000880）/ 97

3. 实例二：金宇集团（600201）/ 100

八、技术指标买入法——MACD柱状线与价格走势背离 / 102

1. 技术要点 / 102

2. 实例一：山西汾酒（600809）/ 104

3. 实例二：巨轮股份（002031）/ 107

4. 实例三：深振业A（000006）/ 110

九、技术指标买入法——大盘及个股成交量同时出现底部量坑 / 114

  1. 技术要点 / 114

  2. 实例一：飞亚达 A（000026）/ 116

  3. 实例二：兴民钢圈（002355）/ 119

第四章　夏长——跟随中线波段趋势持股待涨

一、左侧大阴线跟踪法 / 125

  1. 技术要点 / 125

  2. 实例一：中国铝业（601600）/ 127

  3. 实例二：国际实业（000159）/ 128

  4. 实例三：天元股份（003003）/ 130

  5. 实例四：麦迪科技（603990）/ 130

二、趋势线跟踪法 / 131

  1. 技术要点 / 131

  2. 实例一：华能国际（600011）/ 134

  3. 实例二：新时达（002527）/ 136

  4. 实例三：中国人寿（601628）/ 137

  5. 实例四：深纺织 A（000045）/ 139

第五章　秋收——止盈平仓必须要果断

一、均线卖出法 / 143

  1. 技术要点 / 143

  2. 实例一：德赛电池（000049）/ 144

  3. 实例二：深长城（000042）/ 146

  4. 实例三：联美控股（600167）/ 149

5. 交替使用 5 周均线与 10 周均线研判卖点 / 151

二、历史阻力区间卖出法 / 153

1. 技术要点 / 153

2. 实例一：海隆软件（002195）/ 154

3. 实例二：金宇集团（600201）/ 157

4. 实例三：广州药业（600332）/ 159

三、黄金分割阻力位卖出法 / 161

1. 技术要点 / 161

2. 实例一：巨轮股份（002031）/ 163

3. 实例二：中新药业（600329）/ 167

4. 实例三：烟台万华（600309）/ 169

四、底部翻倍阻力位卖出法 / 172

1. 技术要点 / 172

2. 实例一：酒钢宏兴（600307）/ 174

3. 实例二：曙光股份（600303）/ 176

4. 实例三：小天鹅 A（000418）/ 178

五、综合运用四大卖出法则 / 181

1. 实例一：亨迪药业（301211）/ 181

2. 实例二：沈阳机床（000410）/ 187

第一章
中线波段交易的原理

一、四季循环与股价的中线波段

1. 交易原理图

几乎所有的交易理论与交易大师，都认为"时间因素"是打开股市大门的钥匙。春生、夏长、秋收、冬藏，东方的智慧也同样阐述了"时间"在世间万物发展演变中的重要意义。因此，成功的交易者一般采用中长线的波段交易法，耐心给予行情发展足够的时间。

春生、夏长、秋收、冬藏源自《史记·太史公自序》："夫春生夏长，秋收冬藏，此天道之大经也。弗顺则无以为天下纲纪。"中国自古是农业大国，春季耕种，夏季生长，秋季收割，冬季收藏（见图1-1）。这些老祖宗留下来的农业劳作经验，关键在于"顺天道"。春夏秋冬是自然界的四季循环，就是天道。要想丰衣足食，必须遵循自然规律，在正确的时节做正确的事情。

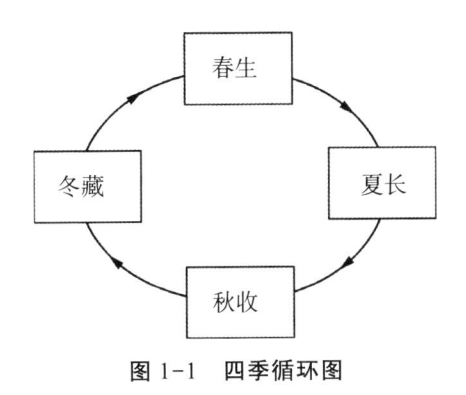

图 1-1 四季循环图

进行中线交易同样也要经历类似的发展过程。把交易对应到天地农耕这件事情上，就会衍生出买股票、持股待涨、卖股票、持币等待这四个阶段，如图 1-2 所示。

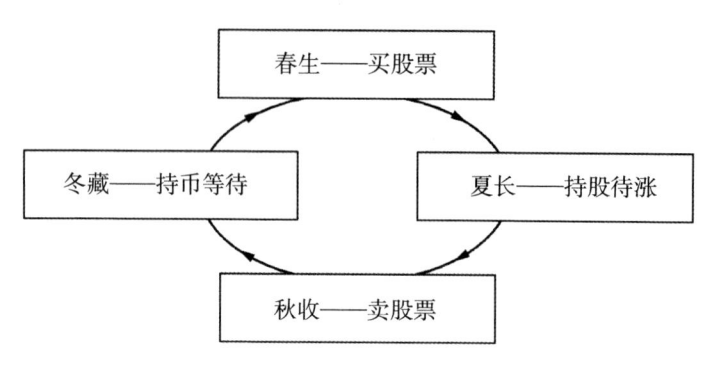

图 1-2　四季循环与交易对照图

一年之计在于春，春天是万物复苏的时节，阳气渐生但阴寒未尽。春天对于做交易最大的价值，不是着急买入，而是制订周密翔实的交易计划。只有谋定而后动，才能胸有成竹做好交易。夏天是自然万物长势旺盛的时节，人也容易心浮气躁，做交易时切不可以心急。着急买入也好，心急卖出也罢，都不是好的交易心态，很难做好交易。需给股价留下足够的成长时间和空间，才可能到达不错的价位。秋天是果实成熟平定收敛的时节，对应股价即使频繁出现大涨大跌，也很难创出新高继续上升，此时应迅速落袋为安，防止凛冬将至的无尽下跌，一段大跌接着一段诱多，交替进行着。冬天是万物蛰伏的时节，对交易者来说也是沉淀的时光。总结前一轮在买入、持股、卖出方面的经验，不因大赚狂喜，不因小赔而悲，把目光放在守好账户中的现金上，不被诱多深套，静待春暖花开，寻找下一次买入良机。

2. 交易流程图

采用中线波段交易，主要有以下几个关键步骤，如图 1-3 所示。

①**持币等待，即冬藏。**寻找中线波段的交易机会需要投资者具备一定的技术分析能力，本书在第二章细致阐述了对中线买入信号的识别。只有在周

线级别观察到交易品种满足中线波段交易模型的条件，才考虑去日线级别寻找建仓机会。

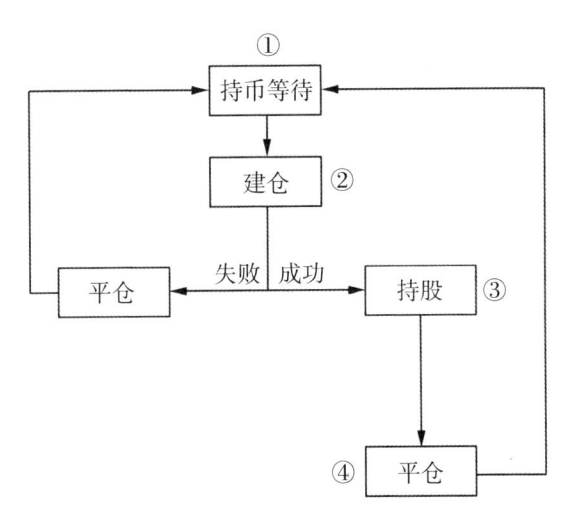

图 1-3　中线波段交易流程图

②**建仓，即春生**。本书第三章从逆转 K 线、底部形态和技术指标三个方向，给出了 8 种实用性高的买点技术。都说不打无准备之仗，实战中即使已经做好万全的准备，建仓之后市场也可能会出现意外情形。一旦发现价格没有按照交易计划的方向进行，打到止损位，必须承认建仓失败，需立即平仓，重新开始新的交易。如果发现价格按照预期前行，可视为建仓成功，进入持股阶段。

③**持股，即夏长**。持股待涨不是漫无目的地等待，而是要去主动跟踪价格上升的过程。我们都知道股价不是某人画一根垂直的线，从底部直接冲到顶部，而是一浪接着一浪波动着形成上升趋势。本书给出的几种趋势跟踪技术，投资者可以按需选用。

④**平仓，即秋收**。当价格在周线级别到达交易的目标价格区间时，一定要考虑立即卖出，切不可贪恋。本书给出了四大卖出法则，帮助投资者找准适当的时机止盈离场。图 1-3 中左侧的"平仓"是建仓失败时必须要执行的

止损，右侧的"平仓"是建仓成功后耐心等待价格到达盈利目标价位后必须要执行的止盈，左侧是小亏，右侧是大赚。另外，平仓之后最好不要立刻重新进场，每一次"买"和"卖"都要提前做好计划，心血来潮不适合中线波段交易。

中线波段交易主要操作周线的波段行情。正常情况下，一年交易1~3次。之所以选择周线波段行情，是因为绝大多数周线波段的幅度都在50%以上。

大盘走势代表了绝大多数股票的走势，中线波段交易坚持"跟着大盘做个股"，一定要跟随大盘的趋势走，坚决摒弃"抛开大盘炒个股"的思维，从理论上保证盈利的一致性。相信读者在用本模型研究自己熟悉的股票过程中都能认同这一点。投资者在掌握理论后，要反复研究过去的走势图，并在实战中加以练习。只有这样，才可能用好理论，成为股市的胜者。

二、基本分析工具

1. 市场结构

市场结构是指所有市场参与者通过各自的交易行为所形成的市场合力，促使价格所产生的运动模式。此处提到的"市场参与者"仅指参与交易行为的终端——买方与卖方，不包括中间环节的参与者。市场中能够不断地发生交易，也就是常说的"成交"，指的是买方和卖方在某个价格达成了一致意见。

市场中的价格运动模式主要有"窄幅区间盘整"和"上下趋势运动"。"窄幅区间盘整"也可以称为窄幅振荡，通常指一段时期内，价格波动的范围维持在窄幅区间最低点以上的 10%～15%。造成价格进行窄幅区间盘整的原因，有可能是买方吸筹（认为当前价格相对较低，大量买入），也可能是卖方派发（认为当前价格相对较高，大量卖出）。

"窄幅区间盘整"意味着此时买卖双方的力量比较均衡，价格走势进退两难，但这种情形并不会一直持续下去，最终价格会朝某个方向突破，进入"上下趋势运动"。根据价格运行方向的不同，"上下趋势运动"可以分为"上升趋势"和"下降趋势"。上升趋势的形成源于买方愿意花更高的价格从卖方手中获取筹码，市场合力将价格推高。下降趋势的形成源于卖方愿意以更低的价格将自己手中的筹码转移给买方，市场合力将价格压低。趋势运动的空间通常能达到 50%～100%，结合特定市场和个股情形，有时空间会更大。上升趋势的上涨目标区间以窄幅区间最低点起算，下降趋势的下跌目标区间以窄幅区间最高点起算。

例如，一只股票的价格在 6.00～6.90 元之间进行窄幅区间盘整，波动范围是 15%。此时如果价格向上突破 6.90 元的阻力位，则可能走出上升趋势，上涨目标区间按通常情况 50%～100% 来算，可能达到 9.00～12.00 元。如果价格向下跌破 6.00 元的支撑位，则可能走出下降趋势，下跌目标区间按通常情况 50%～75% 来算，可能去到 1.70～3.50 元。

从实操的角度，市场结构可以分为四个阶段：吸筹阶段、上升阶段、派发阶段和下降阶段，如图 1-4 所示。投资者在进行交易之前，一定要看清交易品种的市场合力正在做何运动，也就是判定当前所处的市场阶段。只有知道交易品种当前的市场阶段，投资者才可以决定对其采取何种策略，是"持币等待""买入""持股待涨"，还是"卖出"。强调一下，实战中的市场结构不一定完全按照示意图的方式进行，下面这两种情形也是可能会出现的：吸筹阶段之后或许继续走下降阶段；派发阶段之后或许继续走上升阶段。

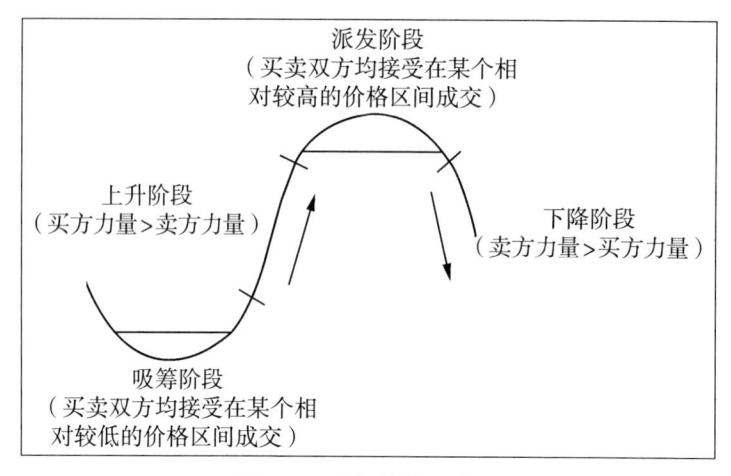

图 1-4　市场结构示意图

（1）吸筹阶段。

吸筹阶段通常出现在下降阶段的尾声，也就是"跌不动"的时候。它在形态上与下降趋势中的盘整区间并无太大差异，但市场中有部分"聪明资金"主观认为后市可能上涨，于是潜伏入场，在他们认为"相对较低的价格"附近吸收浮筹。而在整个下降阶段，大量之前高价买入的投资者每天看着自己账户上浮动亏损的数值越来越大，逐渐产生惯性，从而主观认为价格还会往下跌一段，他们不愿继续持有手上的筹码，而是愿意出让筹码。于是，一群看跌后市的投资者与部分看涨后市的"聪明资金"进行着交易，价格的下跌动能渐渐止住，市场转而进入一种均衡状态，这就是吸筹阶段。

常见的吸筹阶段具有以下几个特征。

①已经下跌了 3～5 个月甚至更长时间。

②在下降趋势中出现横盘整理，区间上沿的阻力位和区间下沿的支撑位均非常明显。

③长周期均线从向下低头的状态缓慢走平，并且交易品种的价格围绕着长周期均线进行上下波动。

需要注意的是，不能因为市场已经处于吸筹阶段，就认为价格不会再创新低。一旦价格有效跌破了盘整区间的下沿，市场可能还会继续下行。但是一旦价格有效突破了盘整区间的上沿，那么市场就进入了下一个阶段——上升阶段。

（2）上升阶段。

当市场处于上升阶段时，大量参与者都认为交易品种的价格会继续向上运动。此时买方愿意花比当前市价更高的价格从卖方手中获取筹码，看涨后市的买方比看跌后市的卖方力量更强，市场合力将价格不断推高。

常见的上升阶段具有以下几个特征。

①通常在吸筹阶段的后期出现有效突破区间上沿的放量大阳线。

②之后的行情不断出现更高的高点和更高的低点（道氏理论的上升趋势）。

③交易品种的价格长时间在长周期均线的上方运动，并且长周期均线保持向上抬头。

（3）派发阶段。

派发阶段出现在上升阶段的末期，也就是"涨不动"的时候。它在形态上与上升趋势中的盘整区间并无太大差异，但市场中有部分"聪明资金"主观认为后市可能下跌，于是在他们认为"相对较高的价格"附近派发筹码。而在整个上升阶段，不断出现大量懊恼的投资者，他们没有在相对当前市价更低的价格进场，幻想着"自己如果在某个低价位置进场的话，现在就可以盈利很多很多了"。这些人不想错失赚钱的机会，他们希望以高于市价的价格赶紧进场，并且期待价格还会上行一段时间。于是，一群看涨后市的投资者与部分看跌后市的"聪明资金"进行着交易，市场转而又进入一种均衡状态，这就是派发阶段。

常见的派发阶段具有以下几个特征。

①已经上涨了 3～5 个月甚至更长时间。

②在上升趋势中出现横盘整理，区间上沿的阻力位和区间下沿的支撑位均非常明显。

③长周期均线从向上抬头的状态缓慢走平，并且交易品种的价格围绕着长周期均线上下波动。

需要注意的是，不能因为市场已经处于派发阶段，就认为价格不会再创新高。一旦价格有效突破了盘整区间的上沿，市场可能还会继续上行。但是一旦价格有效跌破了盘整区间的下沿，那么市场就进入了下一个阶段——下降阶段。

（4）下降阶段。

当市场处于下降阶段时，大量参与者都认为交易品种的价格会继续下行。此时卖方愿意以低于当前市价的价格将手中的筹码交给买方，看跌后市的卖方比看涨后市的买方力量更强，市场合力将价格不断压低。

常见的下降阶段具有以下几个特征。

①通常在派发阶段的后期出现有效突破区间下沿的放量大阴线。

②之后的行情不断出现更低的高点和更低的低点（道氏理论的下降趋势）。

③交易品种的价格长时间在长周期均线的下方运动，并且长周期均线保持向下低头。

以招商银行（600036）月 K 线图来对照分析一下市场结构，如图 1-5 所示。图中第一个循环包含了完整的市场结构四个阶段：吸筹阶段、上升阶段、派发阶段和下降阶段。而第二个循环的下降阶段才刚刚开始，其吸筹阶段、上升阶段和派发阶段已经走完。

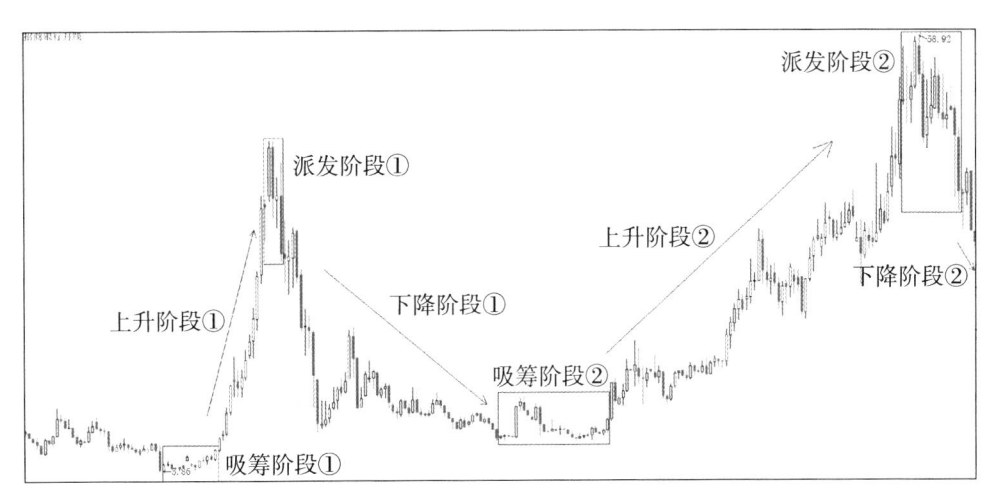

图 1-5　招商银行（600036）月 K 线市场结构示意图

2. 辅助分析和交易工具

（1）空间分割法。

空间分割法是指将股票的历史价格空间进行分割，然后判定当前股价在历史价格空间所处位置的分析法，通常用百分比来表示。假设某只股票的历史最高价是 58 元，历史最低价是 8 元，当前股价在 23 元左右，那么当前股价就处于该股历史价格空间的 30%。

以弘业股份（600128）为例，如图 1-6 所示。在周线级别将该股的历史价格盘面，利用画图工具中的"百分比线"，自下而上（由最低点至最高点）自动划分出 4 个价格空间：0～25%，25%～33%，33%～50%，50%～100%。

观察当前股价处于哪一个历史价格空间，并根据以下原则做出判断。

①当前股价下跌且处于历史价格空间 50% 以下，属于比较安全的股票，可考虑选择该股作为交易品种。

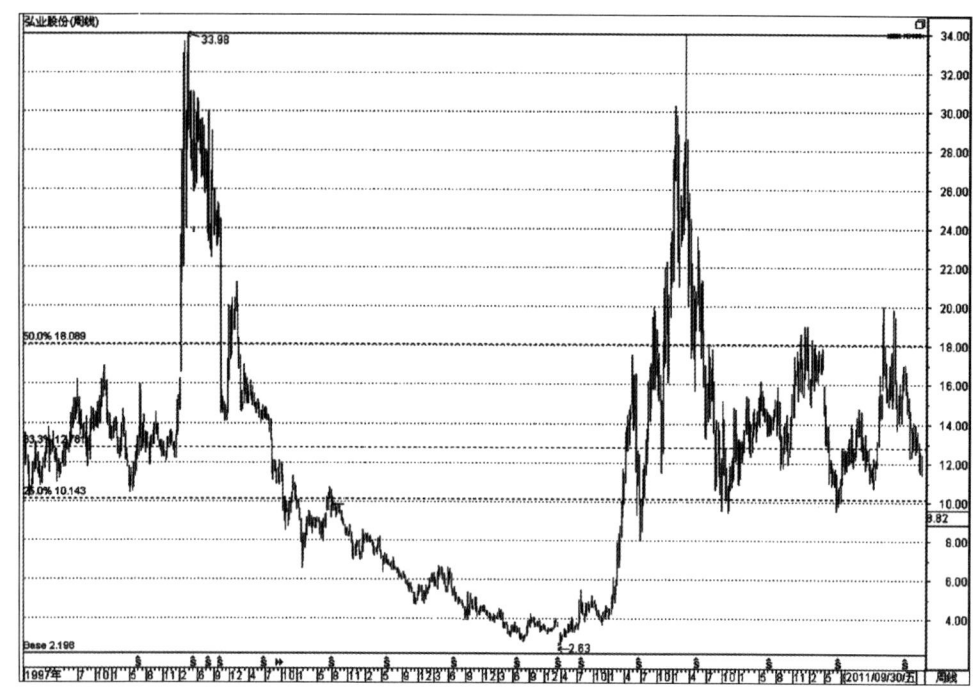

图 1-6　弘业股份（600128）周线级别空间分割法示意图

②当前股价下跌且处于历史价格空间的 25%～33%，属于比较理想的股票，处于这一价格空间的股票是最适合中线波段交易的。

③当前股价下跌且处于历史价格空间的 25% 以下，意味着该股当前活动性较差，在未来半年里未必有理想的上涨行情，不适宜进行中线波段交易。

④当前股价下跌且处于历史价格空间的 50% 以上，意味着该股当前上升空间有限，在未来一年里股价下行的可能性较大，不适宜中线波段交易的稳健操作。

为什么要在周线级别运用历史价格空间分割法呢？

这么做的主要目的是为了选出在未来 3 个月至一年内上升空间较大、利润较高的股票。运用中线波段交易法进行操作，不可能频繁做短线，每天就追逐 3%～5% 的利润，必须要看中线（周线级别）的反弹走势，要么几个月空仓不交易，一交易就要持仓几个月，至少赚够 20%～30% 才能离场。想要赚取 20%～30% 的利润，就得找出未来至少有 50% 上涨行情的股票。

通常情况下，当前股价处于 25%～50% 的历史价格空间，股性较为活跃、股价波动大的股票，在未来一年有较大概率走出 50% 甚至翻几倍的反弹行情。尤其在周线级别处于 25%～33% 的历史价格空间时，未来一年上行至 50% 历史价格空间的可能性有七成，一旦突破 50% 那就是翻倍的行情，所以说处于这一价格空间的股票最适合中线波段操作。

（2）均线。

均线（moving average，MA）代表的是股价在固定时间周期的平均价格走势，其全称为"移动平均线"。依据时间周期的不同，可将均线分为短期、中期和长期三类。

常用的短期移动平均线主要是 5 日均线和 10 日均线等，正常情况一周有 5 个交易日，所以短期通常以一周或者两周为时间周期。以 5 日均线为例，假设有连续 10 个交易日，第 5 个交易日的 5 日均线值计算方法为将前 5 个交易日的收盘价求和再除以 5，以此类推，第 8 个交易日的 5 日均线值计算方法为将第 4 个交易日至第 8 个交易日的收盘价求和再除以 5。

中期移动平均线通常以一个月或者一个季度为时间周期，常用的中期移动平均线有 20 日均线和 60 日均线等。而长期移动平均线通常以半年或者一年为时间周期，常用的长期移动平均线有 150 日均线和 200 日均线等。

均线是实战中最常用的辅助分析和交易工具之一，尽管对价格进行平滑存在滞后性，但它反映出了价格在时间维度的"平均成本"。均线系统不仅能过滤部分假信号，更因其代表了市场上大大小小众多参与者们花费大量时间拿真金白银交易出来的价格，因此很具参考价值。

（3）MACD 指标。

MACD（moving average convergence and divergence，平滑异同移动平均线）是股市中常用的技术指标。它由双均线系统发展而来，利用两条不同时间周期的"平滑移动平均线（平滑均线）"，计算两者之间的"差离值"（DIFF 数值），即用快速平滑移动平均线数值（快线）减去慢速平滑移动平均线数值（慢线），以此作为研判行情的基础。

平滑移动平均线与前面讲的移动平均线在概念上是不一样的，它们有着不同的计算公式。由于平滑移动平均线的计算公式比较复杂，且熟悉公式与否对实战的意义不大，这里暂不介绍。

MACD 指标在本质上是改良的均线系统，通过多次平滑处理，在研判趋势方向方面很有帮助。在长期走势图中，MACD 指标可以过滤市场噪声，稳定地指出趋势方向。实战中也被广泛用于研判买卖点和市场多空状况，是最常用的进出场依据之一。

三、中线波段交易者的成功之路

1. 符合股市规律、符合时宜

对投资者而言，炒股赚钱是一个长时间积累的过程。凡事欲速则不达，在学习正式交易前，最好认清这一点。

世间万物皆有其自然的规律和节奏。炒股与农民种田其实是很相似的：春天播种，夏天除草，秋天采摘，冬天休养。四季轮回，周而复始。我们不能在春天就指望收获，不能在夏天揠苗助长或者懒得管理，不能在秋天还不去采摘果实，更不能在冬天强行播种。同理，当股市处于"牛市的春天"，我们应当选中一块好田地播种（选择正确的股票建仓）；在庄稼茁壮成长的"炎炎夏日"，耐心地浇水和照看（持股和等待）；等到"牛市的秋天"到了，及时摘下盈利果实；"熊市的冬天"到来，则要安心冬眠（空仓），此时不宜再去股市中冒险。看清楚现在是股市的哪一季，做符合股市规律、符合时宜之事，不做违反规律的事，炒股自然能得到好的结果。在股市里"倒腾越勤快，死得就越快"，频繁追涨杀跌做短线的股民，通常是赔得最惨的，除了给证券公司贡献佣金外，几乎赚不到钱。

2. 先看大盘，再看板块，最后看个股

打个比方，公司里老板的意见是最大的，老板决定提高产量，各个部门都得提高目标，动员部门人员大干快上；老板决定战略收缩，各个部门都得减少开支，裁员分流，能省则省。在股市里，大盘相当于老板，板块相当于部门，个股相当于普通员工。大盘上涨时，多数板块和股票都会上涨；大盘下跌时，多数板块和股票都会跟着跌。这一道理是很好理解的。

大盘下跌时，只有10%的股票会逆大盘上涨，剩下90%的股票都是下跌的。投资者炒股一定要先看大盘走势，再看板块走势，最后看个股走势，始终跟着大盘走。长期来看，个股永远会紧跟大盘走势的变化而变化。大盘如果持续低迷，多数个股也会持续低迷。

3. 坚持自己的交易系统

炒股，就是用钞票在股市里跟人较量，每天跟看不见的其他投资者和实力强大的主力机构博弈。股市中的话语权取决于谁投入的资金更多、技术操作更有智慧。相比财大气粗的主力机构，个人投资者是股市中资金最弱小的群体，很容易在股市里成为主力的炮灰。

投资者必须不断地自我学习与思考，然后用严格的纪律在实战中约束自

己，严格按照操作纪律走。通过学习本书介绍的中线波段交易法，投资者可以在实战过程中，逐步形成适合自己的投资风格和投资节奏的交易系统，只要能够坚持实践，就可以实现高期望值的中线波段交易。

4. 克服贪婪与恐惧的负面情绪影响

股市是反映人性的一面镜子，人的本性会在股市里暴露无遗。许多人炒股赚不到钱，多半是由于人性的贪婪和恐惧所致。炒股不是凭感觉押宝，而是必须按照严格的模型操作才可能赚到钱。

投资者在实战中要突破心理这一关，克服对股市的恐惧。这就像运动员即使把技术练到家，第一次上赛场也难免会心慌，随着上赛场次数的增多，自然也就不紧张了。只有多一些入市的体验，在股市里才不会心慌，每一次上手交易，都能帮助投资者收获宝贵的经验，提高心理承受力。

投资者炒股容易害怕，有时是因为炒股本金太大所致。以 5 万元、50 万元、500 万元的本金炒股，心理上的压力是不同的。炒股的本金一定是投资者心理上可承受的，不会一想到账面浮动盈亏的数字就心里发慌，否则无法按照模型操作。

当然，不是所有人都适合炒股。如果缺乏主动学习的时间和足够的精力，在股市中多半是要赔钱的；在实战中心理承受力差的股民，应当趁早退出，将资金投入到其他理财领域。股市并非人生的全部，不必过分痴迷其中，也没必要非得通过炒股来证明什么不可。看清楚自身长处和不足，任何时候都不会吃亏。

第二章

冬藏——持币等待中线买入信号

一、重点关注周线形态

股票交易过程中，买入或卖出的交易操作是"一下子"就完成的动作，其余的时间投资者都是在观察股价走势，要么以持仓状态观察上升走势、确定可能的卖点；要么以空仓状态观察下降走势、确定可能的买点。

交易的一致性原则，要求投资者必须在"正确的时机进行正确的操作"，当股价持续下跌时，应当耐心地观察，等到股价跌至符合本模型要求的理想价格空间，才能考虑下一步的操作。如果情况不符合，坚决保持空仓状态，不做任何交易。

耐心是股市交易获利必备的一种心理素质，只有在持币或空仓状态时做到足够的耐心、不被短期的盈亏所左右，才能严格按照模型操作，保持交易时的一致性和准确性。

股票池构建完成后，就有了明确的跟踪品种。接下来就要观察股票池中的个股，看哪些品种的行情走势已经处于交易阶段，确定其中一两只交易品种。从技术盘面上分析，处于下跌行情且跌入周K线支撑区间的个股，就是可以交易的品种。

许多投资者都习惯看日K线图，实际上只看日K线行情选出交易品种是有不小风险的（行情变化大、规律性不强），不符合中线操作的要求。综合考虑，周K线是最适合投资者选出交易品种的时间周期。

以周K线研判个股行情准确性高，技术分析较为可靠。在A股市场，主力机构可以通过大资金运作改变某只股票的短期波动，即操纵"某只股票的日K线行情"，根据需要在某一天利用手中的大资金和筹码拉出"看不明白"

的日 K 线，迷惑投资者，为下一步行动做铺垫。主力机构可以在日 K 线上做出诡异的行情，却很难利用周 K 线、月 K 线的技术走势做局（因为成本和风险非常高）。因此根据周 K 线行情选股准确性较高，技术分析也比较可靠。

根据周 K 线确定交易品种，符合本模型的操作原则。由于本模型不做短线，只做趋势性和收益稳定的中线操作，看周 K 线选品种和交易显然最符合要求，且不至于等待太久（如果看月 K 线，大概一两年才交易一次）。

二、股价蛰伏在周线级别表现为多均线黏合走平

在技术盘面上，K 线和均线是辅助研判股价走势的两种常用的技术工具。当投资者按照周 K 线的历史价格空间确定一些可能的交易品种后，接下来要用四根不同周期的均线，再次确定选定的品种是否值得重点关注。

首先，要确认四根均线的周期和数值。本模型要求四根均线既包含短周期均线，也要包含长周期均线。本模型重点关注的交易品种，是未来一年有较大波动行情的个股，暂且以 MA10、MA30、MA90、MA120 四条不同周期的均线进行研判（每根均线的数值可以根据盘面适当修改，尽量选择两根短周期均线、两根长周期均线，本书选取的四个均线数值仅供参考）。

不同周期的多根均线集中在某一区域时，意味着当前股性不活跃，市场平均价格趋同。不同周期的多根均线，就像调控股市价格走势的无形的网，当这张网收紧时（多均线集中在狭窄的价格区域），市场平均价格的活动空间就非常有限，随后这张网必然要散开，价格空间由此打开，股性开始活跃起来。

多根均线集中后的市场行情，会有较大的价格波动，不是上涨一大段，就是下跌一大段，未来股价的波动会很剧烈，涨跌幅度较大。尤其当多根均

线聚集时恰好出现"金叉"(短周期均线明显上穿长周期均线),后市通常将有一波大涨行情。

1. 实例一:贵研铂业(600459)

贵研铂业(600459)在2009年7月至2010年8月处于历史价格空间的25%～33%,从大趋势看,股价在20～30元区间做矩形整理,是适宜本模型的理想交易品种。

在盘面上加入四根均线(MA10、MA30、MA90、MA120),看看多均线集中的区域在哪里。如图2-1所示,四根不同周期的均线短期内集中的时间,恰好是2009年7月至2010年8月,四根均线的价格集中在20～32元区间,恰好此时该股处于25%～33%的价格空间。有鉴于该股同时满足"当前股价处于25%～33%的历史价格空间""同一时间多根均线集中于此",理应将该股列为重点关注的交易品种。

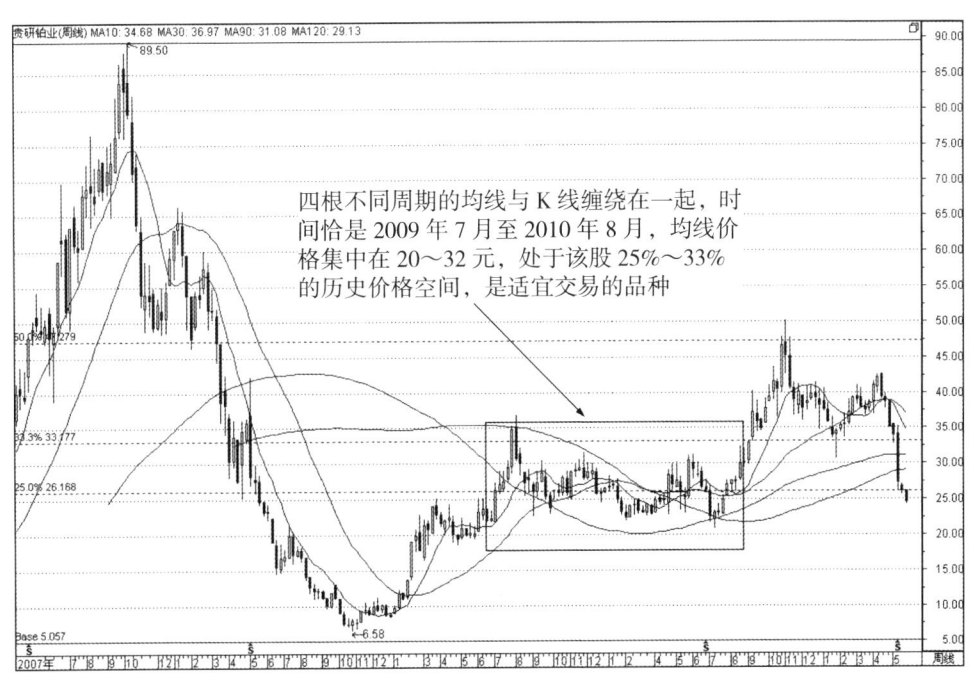

图2-1 贵研铂业(600459)带多根均线的周K线走势图

2. 实例二：士兰微（600460）

士兰微（600460）2010年1—7月处于25%～33%的历史价格空间，从大趋势看该股处于牛市行情，在12～17元区间做中盘整理，是适宜本模型的值得关注的品种。

如图2-2所示，在周K线盘面上加入四根均线（MA10、MA30、MA90、MA150），发现盘面上多均线集中区域有两处。

① 2007年6月至2008年4月，股价在9～13元区间进行矩形整理，随后向下探底至2～4元的历史低位。

② 2009年4—12月，股价处于上升走势的短暂整理阶段，从5元逐渐涨至8元，随后股价加速上升。

图 2-2　士兰微（600460）带多根均线的周K线走势图

两处多均线集中的区域，都处于历史价格空间25%以下，与2010年1—7月的行情走势无关，此时应当如何判断呢？

不同数值的多根均线集中在某一区域，意味着该区域股性不活跃。但未来一年价格波动会很频繁，不是大幅上涨就是大幅下跌，图2-2中两处多根均线密集的区域恰好说明这一点（一波迎来下跌行情，一波迎来上涨行情）。2010年1—7月，股价处于25%～33%的历史价格空间，但没有出现多根均线集中的情况，针对这一情况，应结合大趋势和多根均线的特性进行分析。

2010年1—7月，该股处于25%～33%的历史价格空间，大趋势看牛市行情仍在继续，股价在12～17元区间进行中盘整理。此时盘面上的四根均线呈松散的多头排列（在上涨行情中，多根均线呈向上的圆弧形走势，短均线与长均线自上而下自然排列，这一均线形态称为多头排列，通常是预示后市上涨的信号），在2010年6月7日—11日这一周，90日均线上穿120日均线（上箭头处），出现一个"金叉"，预示后市将持续上涨。投资者在2010年1—7月发现该股，可重点关注。

股市中的基本规律和原则是死的，但是在实战中我们可以灵活分析和运用，不能因为某只股票处于25%～33%的历史价格空间、没有出现多根均线集中的情况，就轻易排除这一品种。如果与周K线确定交易品种的两个判定条件（历史价格空间与多均线集中）不吻合，就要结合均线自身的特性和股票的大趋势综合研判。

3. 实例三：巨轮股份（002031）

打开巨轮股份（002031，现为巨轮智能）的周K线图，用百分比线划出历史价格空间（从该股的历史最低点3.00元至历史最高点22.20元，自动划分出四段历史价格空间）。

如图2-3所示，该股在盘面上有三段时间处于25%～50%的历史价格空间，其中区间①和区间②都是多均线集中的区域。

① 2006年8月至2007年1月，该股从底部升至12元，稍稍回挡至8元，

随后得到周均线的技术支撑，继续强势上升。

②2008年3—5月，该股从17元的高位迅速跌破历史价格中线，均线呈典型空头排列，狂跌至10元，随后跌入历史价格空间25%以下。

③2009年6月至2010年6月，该股从历史最低点3元一路上行，在9～14元区间横盘整理，周均线逐渐黏合在一起。

综合分析，投资者如果在区间①（2006年8月至2007年1月）或者区间③（2009年6月至2010年6月）发现该股，可重点关注。

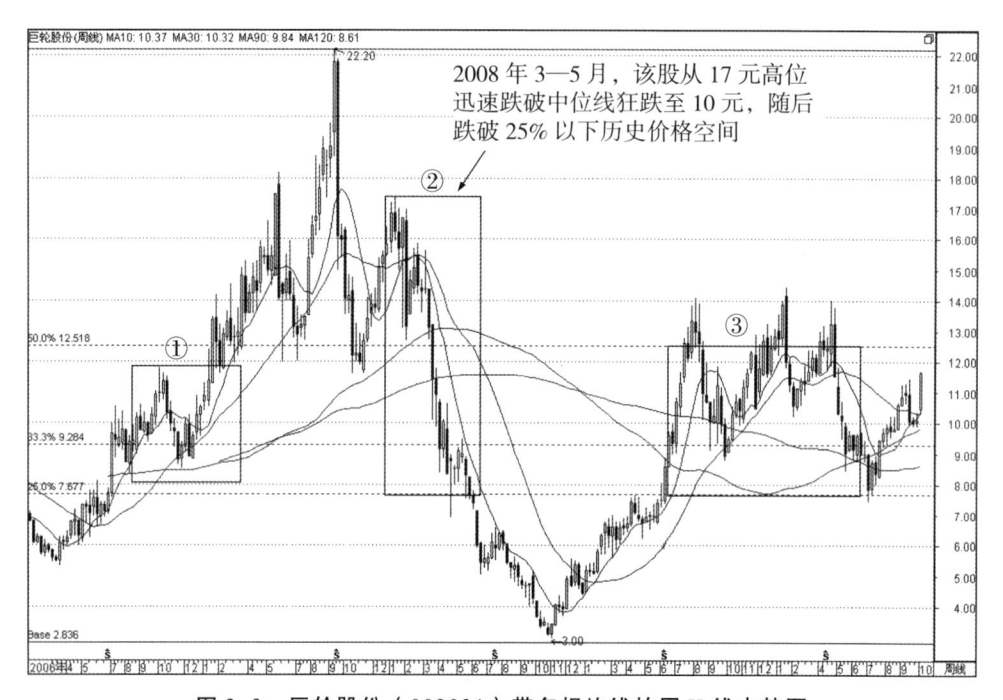

图2-3　巨轮股份（002031）带多根均线的周K线走势图

总结起来，一只符合本模型、投资者可重点关注的交易品种，应当满足以下三个条件（第一个条件是必须满足的，都是在周K线上）。

第一，当前股价下跌且处于25%～50%的历史价格空间。

第二，当前股价下跌且处于多均线集中的区域。

第三，从大趋势看，当前该股处于盘整或上升行情。

三、周线级别的历史支撑区间是中长期供需关系的体现

买股票的第一步，是确定重点关注的一两只交易品种，在周 K 线上是否跌入"历史支撑区间"。什么是历史支撑区间？它是由什么样的 K 线组成的？有哪几种主要的类型？接下来将逐一解答这三个问题。

1. 历史支撑区间

历史支撑区间，是指股价在下跌过程中遭遇历史盘面上多根 K 线所组成的起支撑作用的平台，从而下跌的动能减缓、卖盘能量减弱，随后跌势走完，出现反弹行情。

通过这一定义可知：

第一，股价必须在下跌过程中才能遭遇历史支撑区间，也就是说"本模型的初次买点是在股票下跌过程中出现的"。

第二，历史支撑区间是由之前行情的多根 K 线组成的密集平台。K 线较少的平台所组成的历史支撑区间，支撑股价下跌的能量相对有限。这就好比薄薄的一层木板容易踩断，但如果放上五六层木板，不仅踩不断，多层木板还能稳稳当当地将人支撑住。可靠的多 K 线组成的支撑区间，能像牢固的木板一样将股价稳稳地支撑住。

关于支撑区间的特点及具体分类，将结合案例详细说明。

2. 25%～33% 的历史价格空间

股价从高位一路狂跌不止，一般来说跌至 25%～33% 的历史价格空间，等于自动进入了"历史支撑区间"，必然会出现一定形式的反弹行情。

将新希望（000876）的周 K 线用百分比线自然划分出四段历史价格空间。

如图 2-4 所示，假设在 2008 年 3 月发现该股基本面比较理想，当前股价处于 50% 的历史价格空间附近，熊市行情的可能性较大，此时可谨慎考虑关注该股。

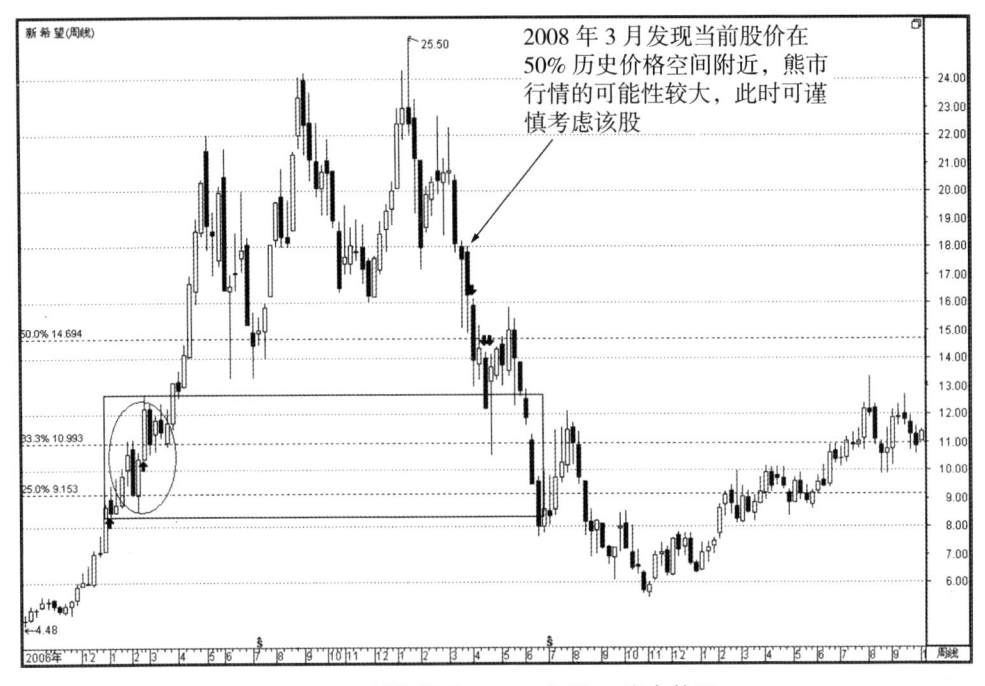

图 2-4　新希望（000876）周 K 线走势图

该股在 2008 年 3 月 31 日至 4 月 3 日这一周拉出一根大阴线，正式跌破历史价格中位线。当股价处于熊市行情时，25%～33% 历史价格空间应视为支撑区间。找到前一次处于 25%～33% 价格空间的所有周 K 线（无论是上下影线还是实体部分），周 K 线的最高价及最低价都是支撑位。

仔细分析后，确定历史支撑区间的价格范围是 8.40～12.70 元；支撑区间上限价格是 12.70 元（第二个上箭头处，周 K 线最高价），历史支撑区间下限是 8.40 元（第一个上箭头处，周 K 线最低价）。

确定历史支撑区间后，接下来重点关注该股在 2008 年 4 月的下跌走势。2008 年 4 月 14—18 日这一周（第一个下箭头处）正式跌入支撑区间，此时可观察日K线是否有买点出现。

2008年4月21—25日这一周，股价跌入25%～33%历史价格空间。股价在经过长期下跌后第一次跌入这一历史价格空间，很可能出现反弹行情（这一周的确是反弹行情的起点）。股价短暂反弹，过中位线后连拉5根大阴线，一举跌入历史价格空间25%以下，在8元区间再次反抽33%的历史价格空间，然后一路跌至历史价格底部，完成整段熊市行情。

如果股价在长期熊市行情后，未在25%～33%的历史价格空间出现反弹，甚至跌破25%的历史价格线依然未出现反弹，这样的股票将不值得继续跟踪。还应注意的是，熊市行情中的反弹，至多有一个月时间，交易时务必谨慎再谨慎，如果没有"下跌抓反弹"的实战经验，切勿操作。

再看一个熊市行情的例子。如图2-5所示，将大连国际（000881，现为中广核技）的周K线用百分比线自然划分出四段历史价格空间。假设在2008

图 2-5　大连国际（000881）周K线走势图

年 3 月发现该股基本面比较理想，当前股价处于历史价格空间 50% 以上，未来熊市行情的可能性较大，此时应谨慎关注该股。

该股在 2008 年 3 月 31 日至 4 月 3 日这一周拉出一根大阴线，正式跌破历史价格中位线，当股价处于熊市行情时，25%～33% 历史价格空间可视为支撑区间。找到前一次处于 25%～33% 价格空间的所有周 K 线，该历史支撑区间的价格范围是 4.65～7.10 元；支撑区间的上限价格是 7.10 元（第二个上箭头处，周 K 线最高价），支撑区间的价格下限是 4.65 元（第一个上箭头处，周 K 线最低价）。

股价横盘一个多月，在 2008 年 6 月 10—13 日这一周拉出一根大阴线（第一个下箭头处），正式跌入支撑区间，此时应观察日 K 线寻找买点。

熊市行情中，股价跌至 25%～33% 的历史支撑区间，一般只有一次反弹。如果反弹的起始点在历史价格空间 25% 以下，可确定只有一次反弹可以抓。周 K 线股价没有跌入支撑区间，变数较大，此时日 K 线是不会出现可靠的买点的。

总结一下，当发现交易品种处于历史空间 50% 以上，处于熊市下跌行情，应当这样确认支撑区间。

①应以 25%～33% 的历史价格空间作为历史支撑区间，找出前一次处于该价格区间的所有周 K 线，确定支撑区间的价格范围。

②在周 K 线跌入支撑区间以后，开始在日 K 线上找买点。

③股价若跌破当前历史支撑区间，应确定新的"支撑区间"，观察股价的下跌走势。

④股价如果意外跌至历史价格空间 20% 以下，这样的品种将不适合继续关注。

3. 前一次盘整阶段的历史低点区域

将开滦股份（600997）的周 K 线用百分比线自然划分出四段历史价格空间。如图 2-6 所示，2009 年 8 月至 2010 年 4 月，该股在 19～28 元区间盘整，假设在 2010 年 1 月发现该股基本面比较理想，当前股价处于 25%～50% 的历史价格空间（波动空间也很理想）且处于下跌走势，可考虑重点关注该股。一般来说，投资者要重点关注当前处于跌势的股票，交易品种通常最短一两周将跌入支撑区间，最短一个月将在日 K 线上出现买点。

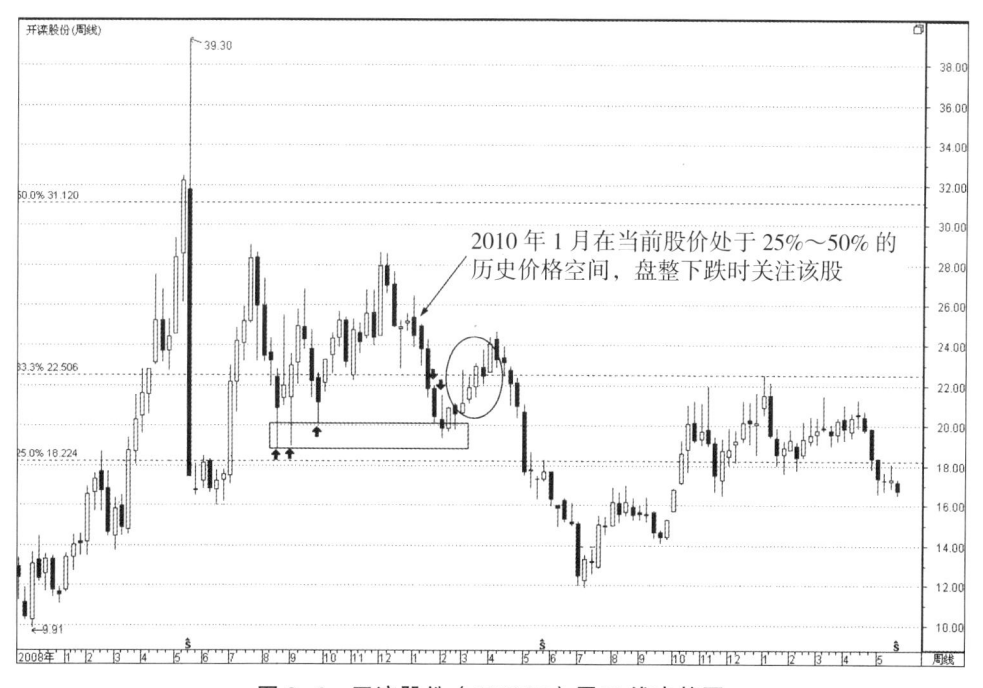

图 2-6　开滦股份（600997）周 K 线走势图

对于重点关注的交易品种，确定支撑区间是首要的事。处于盘整趋势的股票，支撑区间一般为前一次的低点区域。2009 年 9 月 28—30 日这根周 K 线的最低点 20.08 元是属于盘整低点的支撑位（第三个上箭头，支撑位为 K 线最低点的价格水平线）；2009 年 8 月 17—21 日（第一个上箭头，最低价 18.90 元）和 2009 年 9 月 1—4 日（第二个上箭头，最低价 19.00 元）这两根周 K 线都是起到探底作用的锤子线,其最低价形成两处支撑位。

这三根锤子线的支撑位构成了历史支撑区间(相对 2010 年 1 月以后的下跌走势):该支撑区间价格范围是 18.90~20.08 元;支撑位有三处,分别为 20.08 元、19.00 元、18.90 元。

该股在 2010 年 1 月 25—29 日这根周 K 线(第一个下箭头)接近历史支撑区间,周 K 线的最低价为 20.16 元,距离历史支撑区间的上限 20.08 元只有 8 分钱的空间,不出意外下周股价会正式跌入历史支撑区间。

果然,2010 年 2 月 1—5 日这根周 K 线(第二个下箭头)最低价为 19.38 元,跌破历史支撑区间的上限(20.08 元)。由图 2-6 可以看出,这根周 K 线的最低点就是当前下跌走势的底部,随后股价一路反弹至 2010 年 4 月告一段落,价格由 19 元升至 24 元。当然,我们不可能未卜先知地得出"这一周就是抄底最好机会"这一结论,只是预判股价有可能会在这一周或下一周见底,或者跌出历史支撑区间。

如果股价跌出历史支撑区间,应该怎么办?答案是向下确定新的历史支撑区间,直至股价出现反转。

由于本模型确定"当前股价下跌且处于 25%~50% 的历史价格空间"的股票为交易品种,那么股价跌得较深,相应的反弹的幅度也将更大。本模型做的就是 50% 以上的波动幅度,股价必须跌出足够的价格空间才行。

通常情况下,股价回跌至历史价格空间的 25% 附近必然会反抽至 33%,运气好一点可以回抽至中位线,利润不用细算都是相当可观的。如果股价跌至历史价格空间 20% 以下,日 K 线仍未出现买点信号,就应当不再考虑继续观察该股,原因是前面提到的,该股即将进入股价波动不活跃的历史价格底部"潜伏几个月"或者"冬眠一年"。

总结一下,当发现交易品种处于 25%~50% 的历史价格空间,且大趋势是盘整走势时,应当通过如下几点确认支撑区间。

①将前一次盘整低点区域作为历史支撑区间，确定支撑区间的价格范围及由几处支撑位组成。

②在周 K 线跌入支撑区间以后，开始在日 K 线上找买点。

③股价若跌破当前历史支撑区间，应确定新的支撑区间，观察股价的下跌走势。

正常情况下，处于盘整趋势的股票，很难跌破前一次盘整低点。极特殊情况，股价跌至 20% 以下的价格空间，进入历史价格底部"潜伏"，这样的股票将不作为交易品种。

4. 上涨回挡时的前一处历史价格平台

将山西汾酒（600809）的周 K 线用百分比线自然划分出四段历史价格空间。如图 2-7 所示，股价在 2008 年 10 月开始进入牛市行情，至 2009 年 8 月（运行将近一年时间）已由 8 元涨至 30 元，涨幅超过 2.5 倍，上涨

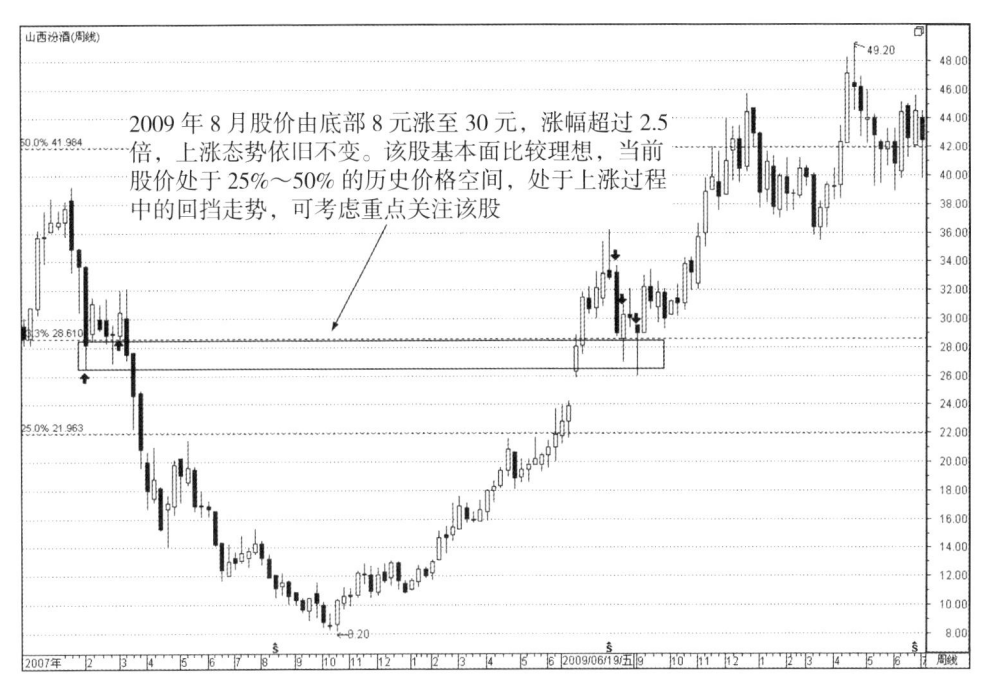

图 2-7　山西汾酒（600809）周 K 线走势图

态势不变。假设在 2009 年 8 月发现该股基本面比较理想，当前股价处在 25%～50% 的历史价格空间，属于处于上涨过程中的回挡行情，此时可考虑重点关注该股。

该股的大趋势是上涨，回挡很难跌破前一次历史价格平台，可将当前价格的前一次历史价格平台作为"历史支撑区间"。2008 年 2—3 月这一密集的周 K 线区域即为支撑区间（30 元附近的价格平台）。这一历史支撑区间主要由 6 处周 K 线的支撑位（最低价）构成，支撑区间的价格范围是 26.60～28.50 元；支撑区间的价格下限为 26.60 元（第一个上箭头处），支撑区间的价格上限为 28.50 元（第二个上箭头处）。

确定历史支撑区间后，重点关注该股上涨过程中的回挡走势。该股于 2009 年 8 月 17—21 日这一周（第一个下箭头处）正式跌入历史支撑区间。此时应关注日 K 线是否出现买点。只要当前的牛市趋势未发生反转，股价回挡至历史价格空间 25% 附近也是有可能的（不低于上涨过程中上一个低点），通常回挡越深意味着反抽的幅度越大（突破中线的可能性很大）。牛市行情未变、股价处于历史价格 25%～50% 的历史空间，投资者就无须担心股价回挡很深。

当交易品种处于 25%～50% 的历史空间且处于牛市行情中的短期回挡行情，应当这样确定支撑区间。

①将以当前价格的前一个平台作为支撑区间，确定支撑区间的价格范围及由几个支撑位组成。

②在周 K 线跌入支撑区间以后，开始在日 K 线上找买点。

③股价若跌破当前历史支撑区间，应确定新的支撑区间，观察股价的下跌走势。

④股价如果意外跌至历史价格空间 25% 以下，或者牛市行情变成盘整行情，这样的品种将不适合继续关注。

第三章
春生——依据日线建仓

一、日 K 线买股票的三种方法

一旦确定交易品种在周 K 线跌入既定的历史支撑区间，此时应开始观察日 K 线，从中找出可靠的买点。

为什么要在日 K 线上找买点呢？是为了保证买入点的精确性。一根周 K 线浓缩了 5 根日 K 线的走势，周线上建仓与日线上建仓相比较，通常会有 7～10 个点的价格误差。买入价格的确很重要，这关系到持仓成本和炒股利润，更主要的是对心理上的影响。

按照本模型，买股票是一个"逐渐买"的过程，不能一次性全仓买。投资者不能因为日 K 线的买入信号非常可靠，就重仓甚至全仓买入股票。稳妥和安全是本模型的最大优势，也是投资者炒股时要时刻牢记的。即使有把握准确抄底，也要分步建仓，不能一次性押宝。

符合本模型的日 K 线买点是等出来的，投资者要有足够的忍耐力。没有出现本书提到的三种买入法（K 线、形态和技术指标）研判出的可靠买点，应坚决持币观望。买点的等待是非常考验投资者的忍耐力的，忍无可忍也得忍，因为一旦没有按照要求买入，就有可能做错。股市里有一句真理："宁可错过，不可做错。"

买点信号必须在日线上确定，这样才会比较精确，可避免抬高持仓成本，损失可能的利润。建仓和完整买入后，就要观察周 K 线的走势，以避免被日 K 线行情短期的波动所扰。严格按照本模型操作，投资者一周只需看盘一两次即可。

日 K 线图是否复权，可根据投资者的个人习惯自由选择，可采用"前复权"，也可采用常规的"不复权"，并不影响我们按照模型找买点。本书是为投资者量身定做的中线交易模型，由于是从周 K 线选出的股票，建议采用不复权的日 K 线图。

以上就是投资者买股票应注意的基本原则，在买股票的过程中须牢记，时刻提醒自己严格执行，以避免在交易过程中犯错。

1. 利用日 K 线的探底 K 线研判

K 线是构成股票走势的基本单位，有些 K 线对于研判后市有着重要的意义，有些对于研判后市意义不大。在日 K 线上研判可靠的买点，需要看日 K 线上是否出现"探底锤子线""探底十字线或 T 字线"和"底部红三兵"等形态。

2. 利用日 K 线的底部形态研判

投资者学习底部形态的意义，在于掌握日 K 线买点信号研判方法后，进一步判断其所处形态是否也有向上走的可能。在研判买点过程中，投资者可以只观察日 K 线的买点信号是否可靠，也可以只关注阶段性底部形态是否完成或开始反弹，也可将这两三种方法配合使用（还有技术指标的买点研判），综合研判"日 K 线是否出现可靠买点，何时建仓最安全"。

周 K 线在 25%～50% 的历史价格空间遭遇历史支撑区间，投资者可通过三种主要底部 K 线形态的研判来确定买入信号：双重底、头肩底和三重底。

3. 技术指标买入法

西方传统技术派发明了很多简单实用的技术指标，如 MACD、BOLL、VOLUME（成交量）、KDJ 等，便于投资者利用这些技术指标确认不同周期和形态的底部和顶部，找准买点和卖点。

投资者无须了解所有技术指标，本模型在买股票环节中只提供两种常态技术指标：MACD 和成交量，辅助投资者研判买点信号。实战中，技术指标买点信号通常与 K 线买点信号、形态买点信号相结合，共同研判日 K 线上的可靠买点。

K 线、形态、指标这三样法宝就像诸葛亮的三种锦囊妙计，只要读懂、学会、用精，投资者在股市中也可像赵子龙一样不陷于江东孙权（主力机构）的圈套陷阱下，从容携带刘备（本金）和孙尚香（利润）全身而退。

每一种买入方法我们将配合案例逐一讲解。

二、日 K 线关键逆转 K 线买入法——探底锤子线

当股价在周 K 线跌入支撑区间后，日 K 线一旦出现实体部分较短、下影线较长的锤子线，即为一个可靠的买点信号，如图 3-1 所示。

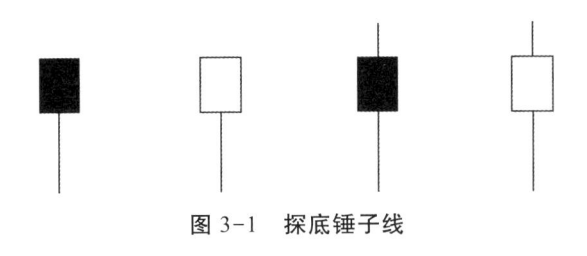

图 3-1　探底锤子线

锤子线在日本蜡烛图中原本叫作"探水竿"，就像插入水中试探水位深浅的竹竿。船夫划渔船时通常要用船竿探入水底，既能测试水位深浅，也得到了水底的支撑，从而有动力推动小船继续前行。锤子线的作用正是如此，在下跌过程中起到"探底"的作用，获得阶段性底部的反作用力，从而支撑股价反转上升。

一般来说，探底锤子线下影线的长度至少为实体部分的两倍。下影线越

长，探底的动能就越大，反弹的力度就越强。如果是接连出现锤子线（如出现"钳子底"的 K 线形态），表明底部信号十分可靠，买点基本明确。

1. 实例一：苹果（AAPL）

苹果在 2019 年 1 月至 2020 年 2 月出现持续一年的上升趋势，涨幅高达 130%。随即在 2 月的最后一周向下跳空，大幅低收，并且在 3 月 16—20 日这一周（下箭头处）跌回至 25%～33% 的历史支撑区间，对应的历史支撑区间价格范围是 187.32～245.25 美元，如图 3-2 所示。

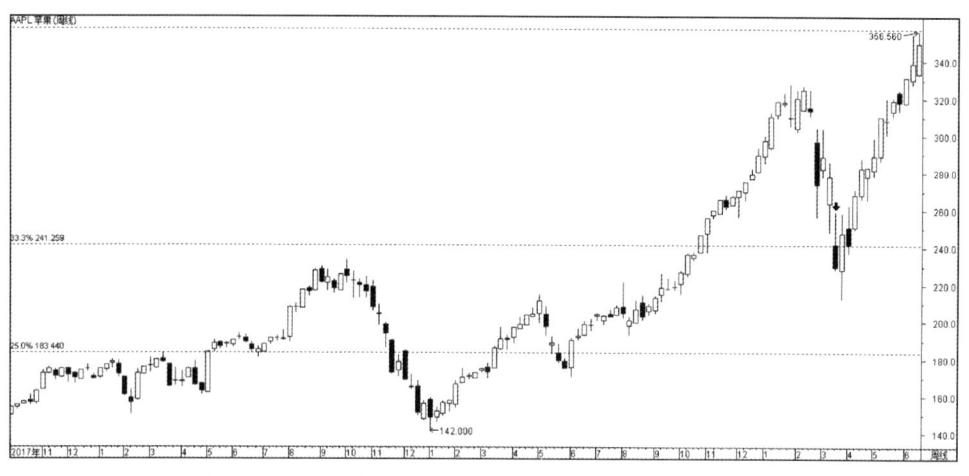

图 3-2 苹果（AAPL）周 K 线历史支撑区间示意图

此时应注意观察日线级别是否出现买入信号。如图 3-3 所示，2020 年 3 月 23 日（周一，上箭头处），股价跳空低开之后大幅下挫，一路跌至最低价 212.61 美元，然后抄底的买盘大量涌入，当日股价最终以 224.37 美元收盘。由于前一周股价已跌入历史支撑区间，这一天的走势自然应重点关注。

下面详细说明一下探底锤子线的研判标准。关于探底锤子线特征的买点可靠指数，可参见表 3-1。同样是锤子线，所预示的买点信号强弱会有所不同，最可靠的探底锤子线特征是：跳空低开较多、最低价创新低、下影线 3 倍以上长于实体部分、阴锤子线。探底锤子线的所有可靠特征如下。

图 3-3　苹果（AAPL）日 K 线探底锤子线示意图

①"跳空低开"，意味着积累的卖单很可能在当天全部抛售掉。

②"最低价创新低"，意味着后市反弹速度将非常快（很可能第二天就开始反弹行情）。

③"下影线 3 倍以上长于实体部分"，意味着收盘时多头非常强势，利空因素几乎殆尽（上影线如果较短，可视为锤子线实体的一部分）。

④"阴锤子线"，意味着当天空头喘完"最后一口气"，股价是自动跌不动的。

同时满足以上四个条件，买点可靠指数为 95%，当天收盘时可以不用担心，放心买入。当然，理想的探底锤子线在实战中并不多见。

表 3-1　探底锤子线特征所对应的买点可靠指数

探底锤子线特征	买点可靠指数（%）
跳空低开	+20%
最低价创新低（至少半年内）	+30%
下影线 3 倍以上长于实体部分	+30%
阴锤子线	+15%

注：以上只是根据探底锤子线特征分析出的买点可靠指数，不借助其他技术指标。若探底锤子线特征符合一条，应加上对应的百分比。

图 3-3 中 2020 年 3 月 23 日出现的探底锤子线，对照表 3-1，得到买点可靠指数为 95%，其特征具体分析如下。

①跳空低开：该日开盘价 228.08 美元低于前一日收盘价 229.24 美元。

②最低价创新低：最低价 212.61 美元是自 2019 年 9 月 11 日以来的最低价。

③阴锤子线：该日收盘价 224.27 美元低于开盘价 228.08 美元。

④下影线 3 倍以上长于实体部分：该日下影线长度约为实体部分的 3.2 倍。

2. 实例二：山西汾酒（600809）

山西汾酒在 2009 年 8 月进入牛市行情的回挡走势，该股在 2009 年 8 月 10—14 日这一周接近支撑区间，此时开始观察日线级别行情。

如图 3-4 所示，2009 年 8 月 17 日（周一，第一个上箭头处），当日股价低开，开盘后小幅上涨，受空头强力打压，一度跌至最低价 27.01 元，随即抄底的买盘大量涌入，当日股价最终以 28 元收盘。周 K 线在这一天正式跌入支撑区间。

投资者在这一天上午如果没有时间盯盘，中午可以回顾上午的行情（可利用智能手机等工具，中午休盘时可查看行情）。浏览行情时，发现上午收盘价为 27.80 元，也就是说周 K 线已跌入支撑区间，日 K 线在今日开盘后接连下跌，下午很有可能跌破 27 元，此时日 K 线没有明显的锤子线特征，需要下午继续观察。

在分析行情时，既要查看技术分析图，也有必要查看分时走势图，如图 3-5 所示。当日下午 2 点半左右，日 K 线已有明显的锤子线特征，较前一日低开，再加上这一天股价跌入周 K 线的支撑区间，三点因素综合分析，8 月 17 日这一天已出现可靠的买点信号。收盘阶段股价持续上行，看好该股后市的买盘较多。

2009年8月17日，股价低开后稍微小幅上涨，随即受空头强力打压，当日下午2点，日K线已有明显锤子线特征。综合分析，应伺机建仓

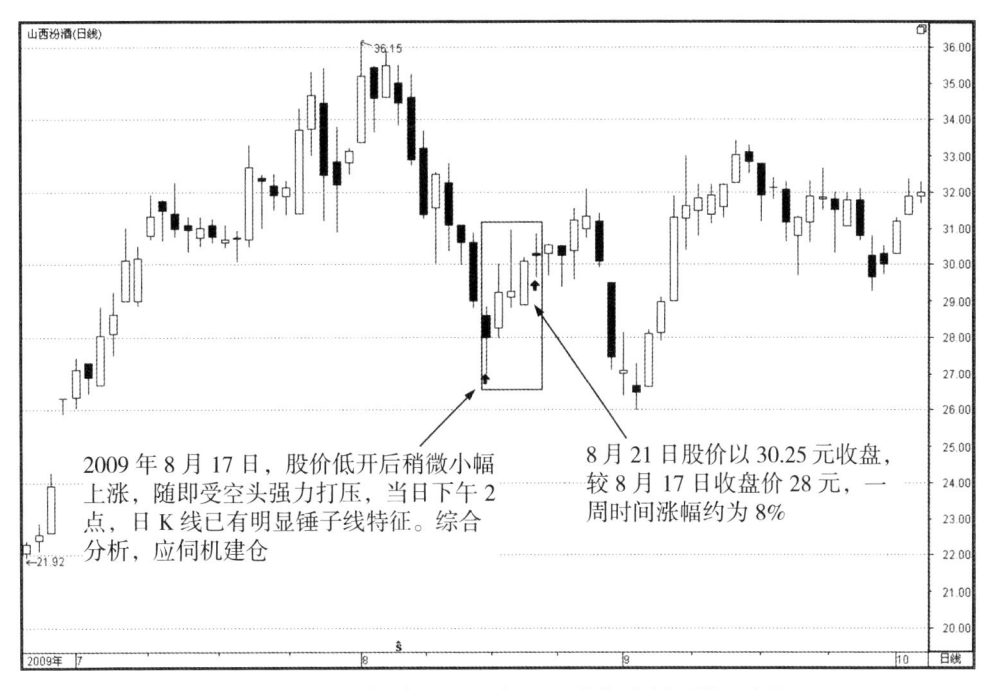

8月21日股价以30.25元收盘，较8月17日收盘价28元，一周时间涨幅约为8%

图 3-4　山西汾酒（600809）日K线探底锤子线示意图

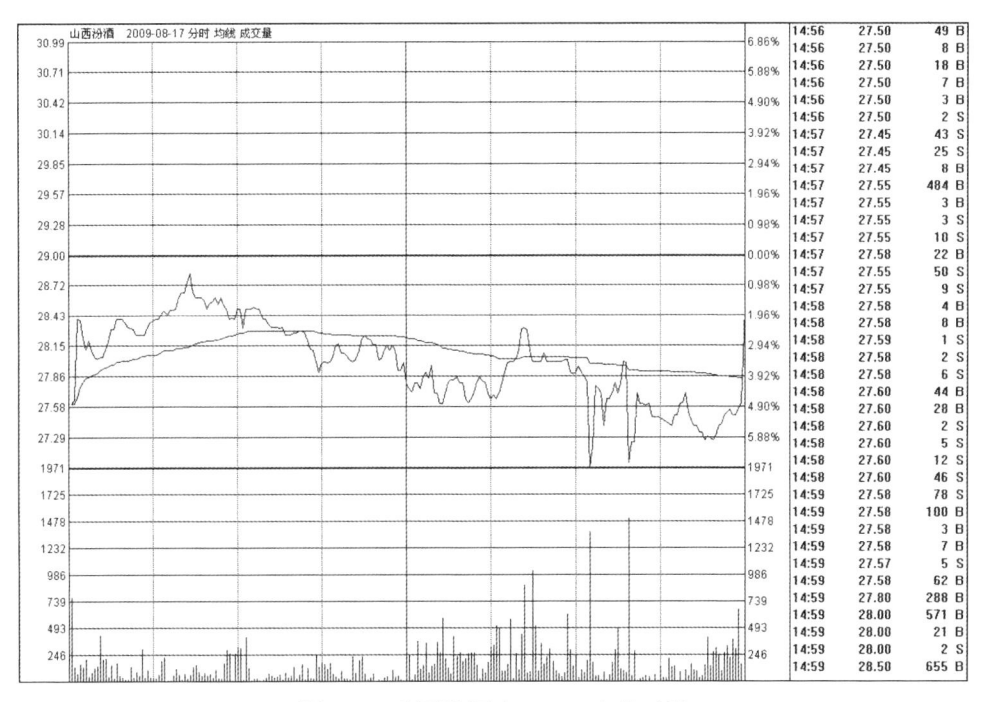

图 3-5　山西汾酒（600809）分时图

3. 实例三：深振业 A（000006）

如图 3-6 所示，深振业 A 在 2009 年 8 月 17—21 日这一周（第一个下箭头处），股价由 12 元跌至 10 元，跌入 25% 以下的历史价格空间，周跌幅为 12.5%。周 K 线行情属于突破 33% 历史价格线后回探，可能会有一次反弹，有必要确定历史支撑区间。

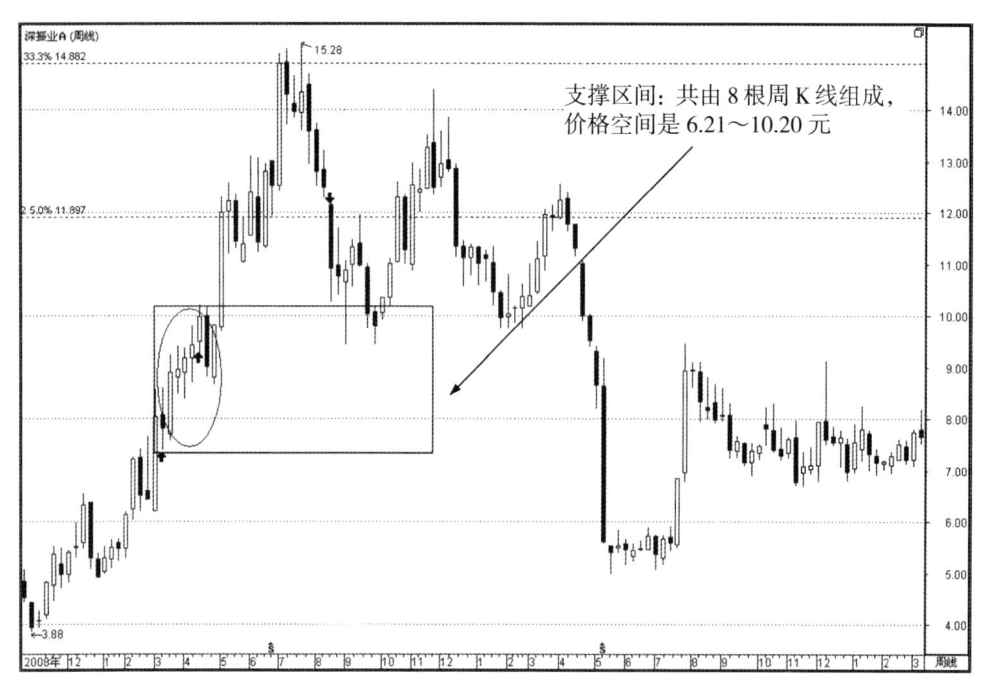

图 3-6　深振业 A（000006）周 K 线支撑区间示意图

该股当前的大趋势是继续上升，还是转为下降，或者进入盘整，尚不明朗，且股价已跌入历史价格空间 25% 以下，以盘面给出的 8～10 元价格区间作为历史支撑区间，该支撑区间的价格范围是 6.21～10.20 元；支撑区间的上限是 10.20 元（第二个上箭头处，周 K 线最高价），支撑区间的下限是 6.21 元（第一个上箭头处，周 K 线最低价）。

通过几个案例的讲解，投资者应该清楚：周 K 线的支撑区间是由处于某一段价格区域内的多条密集周线组成的，这些周 K 线的最高价和最低价可以对当前股价下跌起到支撑作用。在该股大趋势和阶段性走势确定的情况下，历史支撑区间的确定是有规律可循的；在该股大趋势和阶段性走势不确定的情况下，历史支撑区间是即将跌入的下一段 K 线密集的价格平台。当股价即将进入支撑区间，应观察日 K 线的走势。

如图 3-7 所示，2009 年 9 月 2 日（周三，第一个上箭头处），股价低开，创半年以来新低，是上下影线较长的"螺旋桨线"（K 线实体较小，上下影线较长且几乎等长，看上去像是飞机的螺旋桨，故而得名）。探底的螺旋桨线，一般是起到对称线的作用，预示着随后的股价反弹必将超过前一波下跌的最高点（第一个下箭头处）。

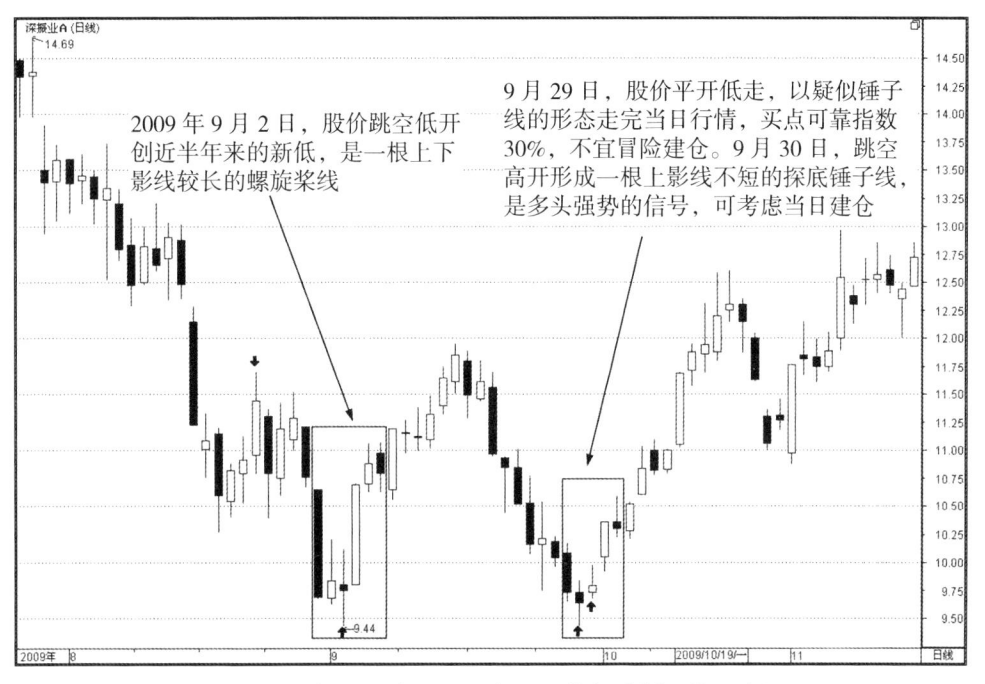

图 3-7　深振业 A（000006）日 K 线探底锤子线示意图

股价反弹至 12 元附近再次下跌，同期的周 K 线显示股价跌入支撑区间，日 K 线即将再出买点。2009 年 9 月 29 日（周二，第二个上箭头处），股价平开低走，以疑似锤子线走完当日行情，实际上不符合下影线 2 倍长于实体部分的要求。根据表 3-1，当日买点可靠指数仅为 30%，不宜在当天冒险建仓，应观察随后的日 K 线走势。

9 月 30 日（周三，第三个上箭头处），股价高开（几乎是前一日的开盘价），形成一根上影线不短的倒锤子线。参照前一日的疑似探底锤子线，这是多头强势的信号。如果说 9 月 29 日建仓还没有太大把握，那么 9 月 30 日可以考虑买入。

周 K 线跌入支撑区间，日 K 线若出现探底锤子线，应根据其特征研判买点可靠指数，没有 70% 以上的把握，绝不可贸然入场，宁可再多等一日继续观察。还是那句股市忠告："宁可错过，不可做错。"

三、日 K 线关键逆转 K 线买入法——探底十字线

接下来讲第二种日 K 线买入信号：探底十字线或探底 T 字线。十字线是一种特殊的 K 线：收盘价与开盘价相同（或价格相差不多）；实体部分为"一字线"或者非常小；上影线较长、下影线较长或者上下影线都比较长。照此定义，十字线主要可划分为以下 8 种类型，如图 3-8 所示。

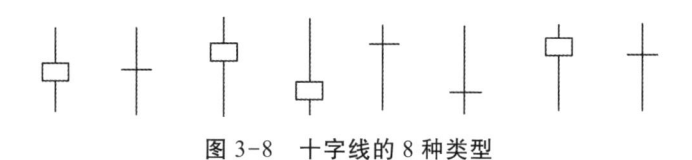

图 3-8　十字线的 8 种类型

在股市底部形态中出现不同形态的十字线是比较常见的情况。十字线是预示后市反转的信号，一旦出现在日 K 线底部，买点的可靠指数非常高（尤其是跳空低开、长下影线较长的十字线）。

关于探底十字线特征所对应的买点可靠指数，参见表 3-2。同样是十字

线，透露出买点信号的强弱有所不同，最可靠的特征是：跳空低开较多、最低价创新低、实体为一字线、上下影线3倍以上长于实体部分。

表 3-2 探底十字线特征所对应买点可靠指数

探底十字线特征	买点可靠指数（%）
跳空低开较多	+20%
最低价创新低（至少半年内）	+30%
实体为一字线	+30%
上下影线（同时或只有一种）3倍以上长于实体部分	+15%

注1：以上只是通过探底十字线特征分析得出的买点可靠程度，不借助其他技术指标。若探底十字线特征符合一条，加上相应的百分比。

注2：当探底十字线下影线长度为实体部分10倍以上，同时是上影线长度的4倍以上，表明当日探底程度足够深，未来一两周股价将很难跌破当日最低价。此买点的可靠指数接近100%。

上下影线（同时或者只有一种）比实体部分长出3倍以上且实体为一字线，意味着当天所有筹码消耗殆尽，多空双方势均力敌，股价处于平衡态势，在创新低的情况下，抄底盘以潮水般大量涌入，强力抬升股价。

若探底十字线的特征同时满足以上四个条件，买点可靠指数为95%。

1. 实例一：新希望（000876）

新希望（000876）2008年3月的走势是符合本模型的交易品种。该股的周K线历史支撑区间价格范围是8.40～12.70元。

如图3-9所示，2008年4月14—18日，股价跌入周K线的支撑区间，此时应观察日K线是否有可靠买点信号。这一周日K线未出现明显买点信号，周三至周五出现"黑三兵"（连续3根不小的阴线组合，呈阶段性下跌走势），股价在加速下跌。

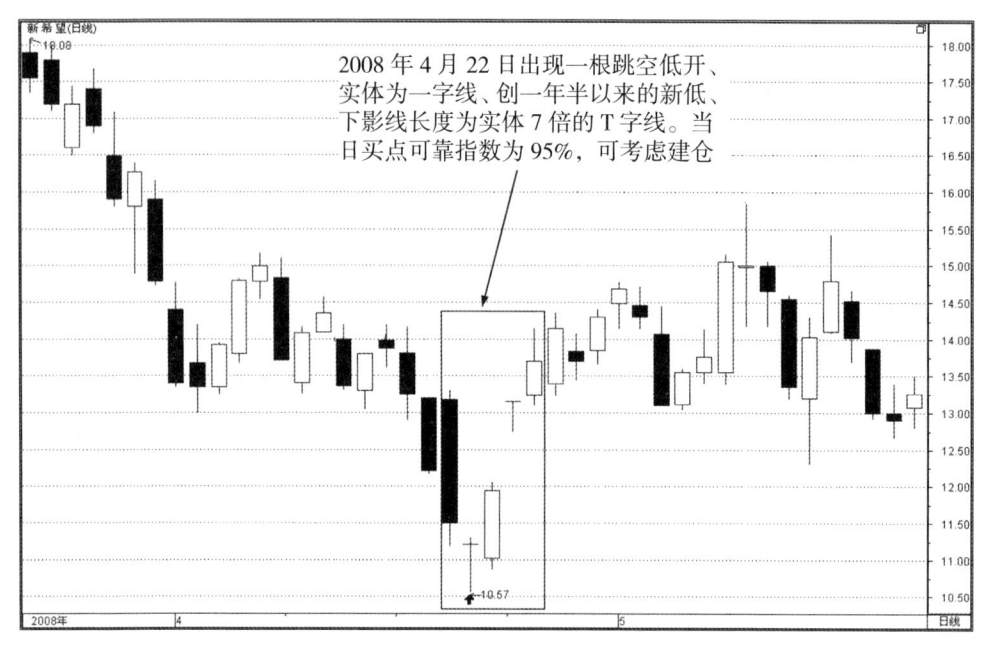

图 3-9　新希望（000876）日 K 线探底 T 字线示意图

待到 2008 年 4 月 21—25 日这一周，4 月 21 日拉出一根跌幅 5% 的大阴线；4 月 22 日收出一根跳空低开（跳空缺口为 0.3 元）、实体为一字线、创一年半以来新低、下影线为实体部分 7 倍的 T 字线，此 T 字线买点可靠指数为 95%，可考虑在当天建仓。周三股价持续飙升，至周五收盘时涨至 13.70元，短短 3 天涨幅超过 20%。

2. 实例二：士兰微（600460）

士兰微（600460），2010 年 1 月中旬该股周 K 线处于 25%～33% 历史价格空间，是值得关注的交易品种。鉴于该股在上涨过程中回挡，应找到前一次相同价位的 K 线密集区间作为历史支撑区间。

如图 3-10 所示，周 K 线历史支撑区间的价格范围是 9.76～14.10 元。2010 年 1 月 18—22 日这一周（第一个下箭头处）股价跌入周 K 线支撑区间，此时应观察日 K 线是否有可靠买点信号出现。

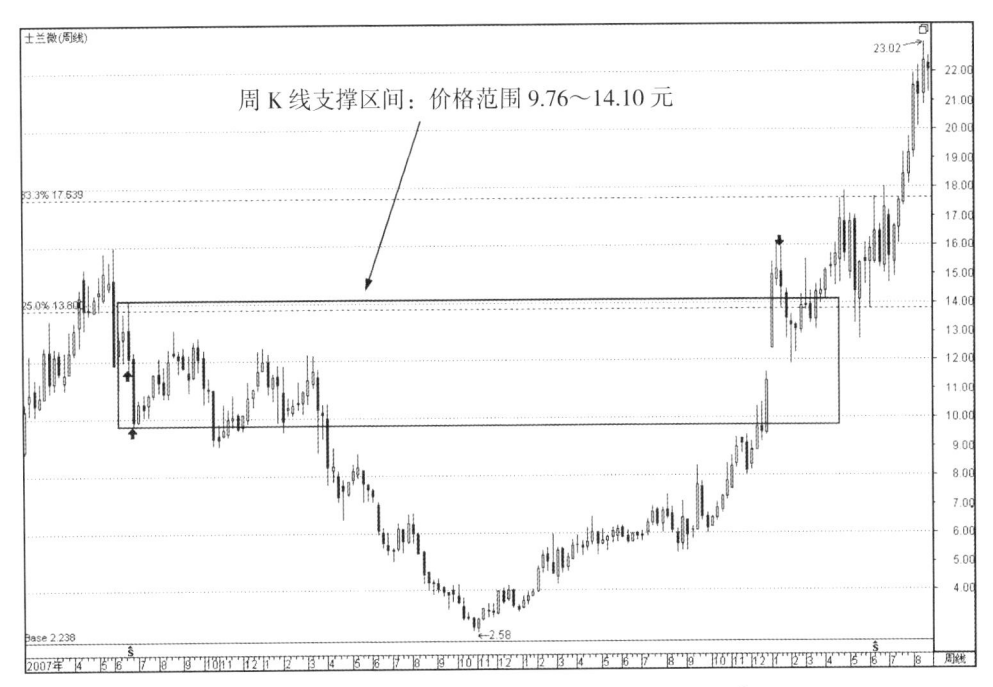

图 3-10　士兰微（600460）周 K 线支撑区间示意图

如图 3-11 所示，该股在 2010 年 1 月 20 日拉出一根跌幅为 9% 的大阴线，跌入 14 元平台，周五（1 月 22 日）下跌走势依然不明朗。

2010 年 1 月 25—29 日这一周，日 K 线短期下跌的趋势已明确。1 月 27 日（周三）收出一根上下影线不长的十字线，较上一日呈上升趋势，据表 3-2 探底十字线研判标准分析，买点可靠性为 0。1 月 29 日（周五）拉出跳空的射击之星阳线，预示后市还得继续跌。

2010 年 2 月 1—5 日这一周，周 K 线处于支撑区间，日 K 线在下跌途中出现买点信号：2 月 3 日（周三），收出一根平开、实体较短、下影线长度在实体部分 10 倍以上的十字线（也可视为 T 字线），当日买点可靠指数为 95%。当探底十字线的下影线为实体长度的 10 倍以上，并且是上影线长度的 4 倍以上，表明当日探底程度足够深，未来一两周股价的走势将很难跌破当日最低价。

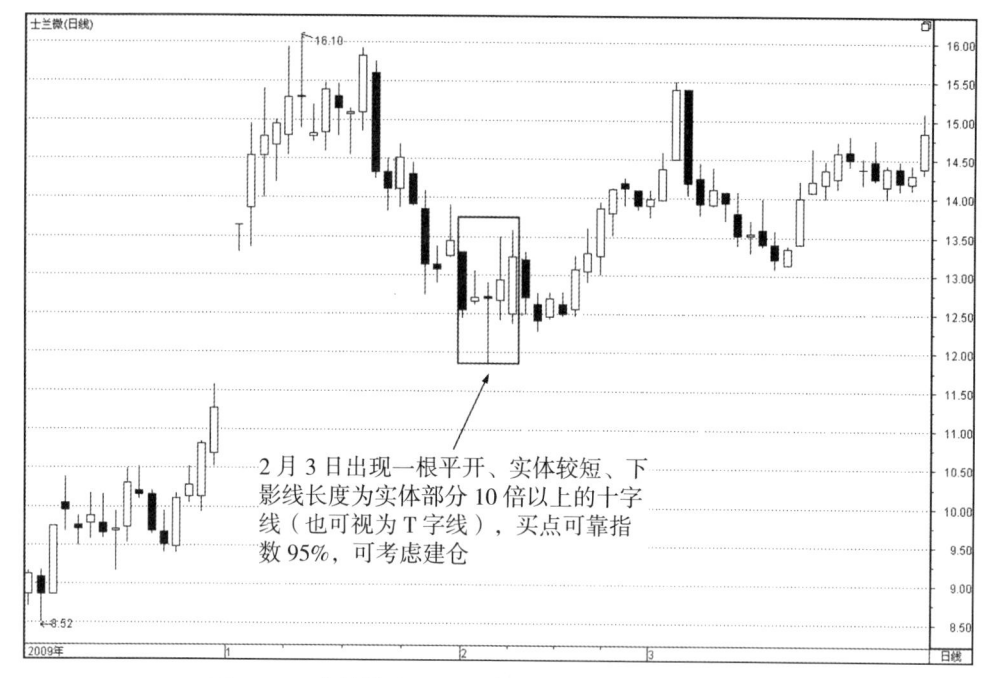

图 3-11　士兰微（600460）日 K 线探底十字线示意图

2月5日出现一根吞没阳线，将周一开始的跌幅几乎完全收回。在短期下跌走势中出现一根吞没阳线，预示后市将出现对多头有利的形态反转。

2010年2月8—12日这一周，周五拉出一根突破13元价格平台的大阳线。这一周日 K 线实际上走出一个标准的"塔形底"，股价随后出现"三武士"的持续上涨形态。2月10日（周三）的阳线与前一日阴线形成"曙光出现"的 K 线形态，预示后市上涨；2月12日（周五）收出涨幅为4%的阳线，宣告这一周"塔形底"形态形成，可考虑在当天收盘时建仓。

该股在周 K 线跌入支撑区间后，从日 K 线上观察三周，才确定上升趋势。等到上升行情开始启动才建仓，持仓成本将大幅提高，风险也随之增大。对投资者来说，宁可白白观察三周，也不能在不正确的价格建仓。

通过这一案例，投资者获得的买点经验如下。

①在买点信号不十分可靠时，应结合日 K 线的形态及大趋势确定买点是

否可靠，最好在上涨行情启动之前建仓。

②上涨行情一旦启动，宁可错过，不可追买。

3. 实例三：中金黄金（600489）

中金黄金（600489），2008年5月末处于33%～50%的历史价格空间，处于熊市行情的下跌走势，可考虑作为交易品种。鉴于该股持续的下跌走势，25%～33%的历史价格空间就等于历史支撑区间。

如图3-12所示，该股的历史支撑区间价格范围是36.88～55.79元；支撑区间的下限价格为36.88元（周K线最低价）；支撑区间的上限价格为55.79元（周K线最高价）。2008年6月10—13日这一周（第一个下箭头处），周K线价格正式跌入历史支撑区间，此时应观察日K线是否有可靠买点信号出现。

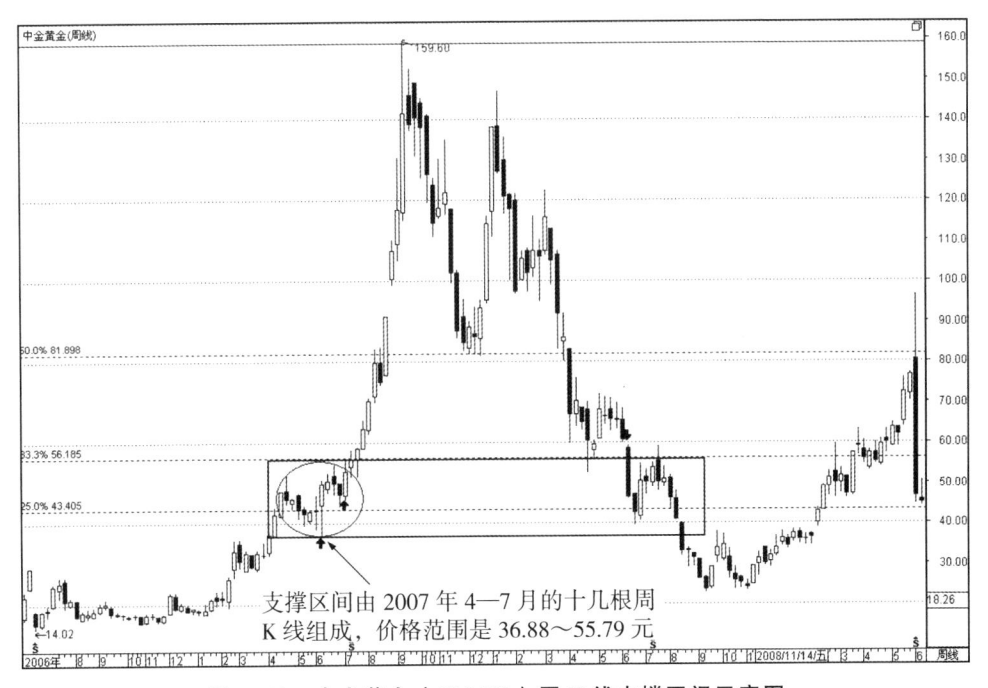

图3-12　中金黄金（600489）周K线支撑区间示意图

如图3-13所示，2008年6月10—13日这一周，日K线股价持续跳空低开、连跌一周，由58元跌至46元，跌势未尽，无可靠买点信号出现。

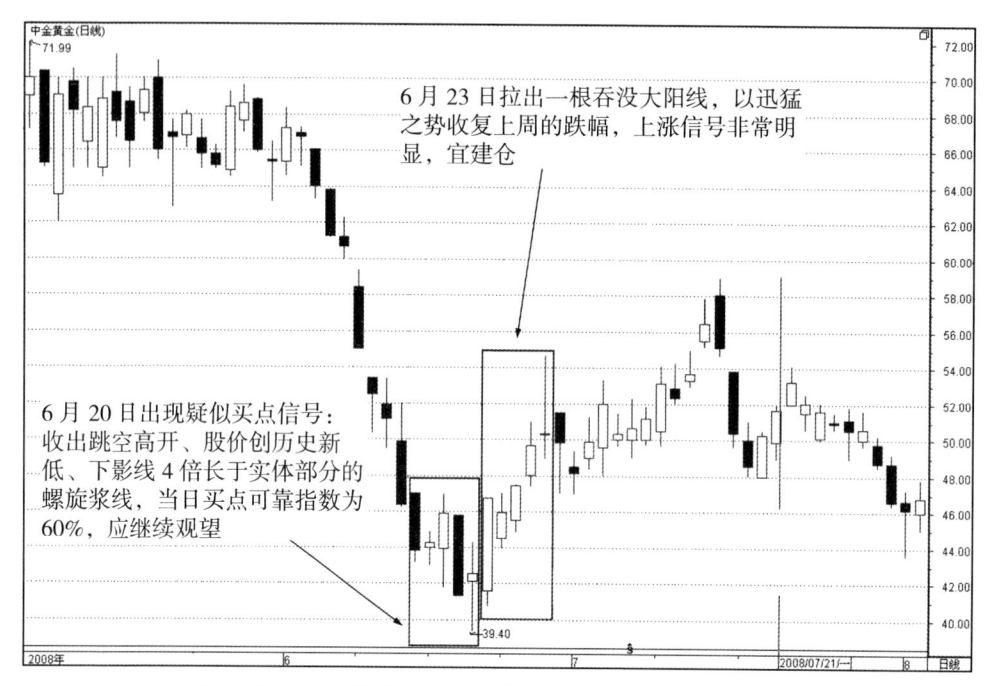

图3-13 中金黄金（600489）日K线探底十字线示意图

2008年6月16—20日这一周，跌幅渐小，周中有小幅反弹，至周五（6月20日）出现疑似买点信号：收出较前一日跳空高开、股价创历史新低、下影线4倍于实体部分的螺旋桨线，当日买点可靠指数为60%，应继续观望。

2008年6月23—27日这一周，周一拉出一根吞没长阳线，以迅猛之势收复上一周的跌幅，上涨信号非常明显。从周二开始，股价一路抬升，迅速突破50元大关。

四、日 K 线关键逆转 K 线买入法——底部红三兵

接下来讲解第三种（也是最后一种）可靠的 K 线买入信号：底部红三兵。红三兵是由三根实体相当、趋势向上的阳线组成，标准的红三兵是跳空高开、没有上下影线、呈阶梯攀升走势的三根中阳线或小阳线。在实战中，只要是连续的三根阳线，实体部分价格逐级上升，即使有上下影线和实体不相等，也可视为"红三兵"走势。

红三兵基本上出现在股价的阶段性底部（包括历史价格底部），它的出现意味着市场底部振荡和盘整形态的结束，预示空方能量已基本耗尽，观望者纷纷入市，市场受基本面利好消息影响，连续三天呈上涨走势，此形态可视为牛市行情的"排头兵"。一旦股价跌至阶段性底部或在底部区域横盘时出现红三兵，投资者即可伺机抄底买入。

周 K 线跌入支撑区间，日 K 线一旦出现红三兵，即出现可靠的买点信号。在红三兵带动的一波上升走势后，股价会短期回挡整理。在红三兵出现后的 2~5 天，股价只要不跌破红三兵最低点（第一根阳线的最低价），就是理想的买点。

还要介绍一种特殊的红三兵形态——三武士。它与普通的红三兵不同之处在于：第三根阳线的涨幅非常大，超过前两根阳线的涨幅之和。这意味着三武士的前两日多头经过简单试探，摸清空方的虚实，待到第三日包括主力在内的大资金将股价大幅抬拉，直接宣告上升行情正式启动，随后主力会制造一些"空头陷阱"，迷惑投资者。就本模型研判买点而言，一旦出现底部三武士，随后两三日股价不破三武士最低点，即可安全建仓。

在案例讲解之前，投资者一定要牢记红三兵、三武士的特征，结合图 3-14 可以加深理解。

普通红三兵

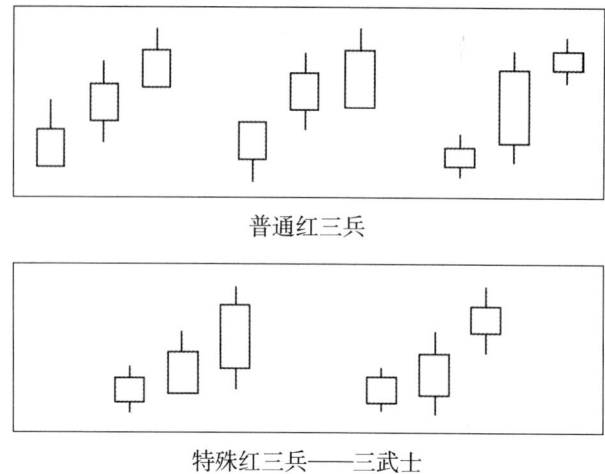

特殊红三兵——三武士

图 3-14　红三兵的类型

首先，应明确一点：红三兵、三武士在 K 线图上几乎随处可见，投资者需要关注的是"周 K 线跌入历史支撑区间后，日 K 线图上出现红三兵或红武士"。也就是说，只要不是在日 K 线阶段性底部出现红三兵或三武士，都可以忽视。

其次，应牢记红三兵、三武士本身的特征：形态后两根阳线的开盘价应在前一日阳线的收盘价以上（或附近），不能低于前一日收盘价太多，更不能低于前一日开盘价，否则形态不成立；三根阳线的下影线长短无所谓，但是上影线不能过长，一旦超过或与实体部分等长，预测后市的准确性就会降低；后两根阳线的开盘价均高于前一日收盘价，三根阳线的上下影线几乎没有，这样的红三兵或三武士最标准，预示后市上涨的准确性最高。

第三，底部红三兵或三武士往往会演变为连续五六根阳线。一旦连续出现五六根实体大小不一但趋势向上的阳线，意味着上涨行情完全启动，此时须等到股价回踩不破第一根阳线的最低点时介入。由于形态或操作时机等原因错过绝佳买点，切不可继续追涨。通过图 3-14，投资者可加深对于红三兵和三武士研判特征的理解。

同是红三兵，透露出买点信号的强弱有所不同，最可靠的是三根阳线无上下影线、后两根阳线均大幅高开、出现在盘整多日的底部形态的三武士。表3-3可以帮助投资者更好地研判底部红三兵特征所对应的买点可靠程度。

表3-3 底部红三兵特征所对应买点可靠指数

底部红三兵特征	买点可靠指数（%）
实为"三武士"	+30%
三根阳线均为高开	+20%
三根阳线没有上下影线（或较短）	+30%
三根阳线实体部分较长（中阳线）	+15%

注1：以上只是通过底部红三兵特征分析得出的买点可靠指数，不借助其他技术指标。若底部红三兵特征符合其中一条，加上相应的百分比。
注2：若非阶段性底部出现红三兵，其特征不值得关注。

1. 实例一：德赛电池（000049）

德赛电池（000049），2010年6月中旬周K线股价处于历史中位线以上。根据前面的学习可知：当前股价若处于历史中位线以上，这种股票是不太适合本模型的。不过有一种情况例外：大趋势看该股处于明显的牛市行情，当前股价刚过历史价格中线且迅速回挡。

用百分比线自然划分出的三条历史价格线（25%、33%、50%），就像影响股价走势的阶梯一样精准。

①股价在牛市行情中，一旦突破25%历史价格线，要么暂时盘整一段时间，要么继续突破33%历史价格线。

②股价突破33%历史价格线之后，必须回探25%～33%的历史价格空间歇一歇，稍做停留，否则无法积蓄更大能量突破历史价格中位线。

③待到股价突破历史价格中位线，必须回探33%～50%历史价格空间稍

做整理，比上一次积蓄更大的能量，才能冲向历史价格最高点或是再创历史价格新高。如果积蓄的能量不足，很可能在突破历史价格中位线后无力向上，要么直接大跌，要么盘整一段时日，然后快速跌破 50%、33%、25% 三条历史价格线。

2010 年 6 月中旬，该股处于牛市行情的回挡走势，必然要回踩历史价格中位线，这种情况下投资者对于该股理应谨慎关注。为什么说要谨慎关注呢？因为股价一旦再度升至历史价格中位线以上，进入 50%～100% 的历史价格空间，操作难度、风险和股价走势的变数，都会成倍增加，投资者必须等到股价回踩跌破历史价格中位线后，再去谨慎考虑买点。

如图 3-15 所示，该股周 K 线历史支撑区间价格范围是 13.58～20.02 元。2010 年 6 月 28 日至 7 月 2 日这一周，股价跌入周 K 线支撑区间，此时应观察日 K 线是否有可靠的买入信号出现。

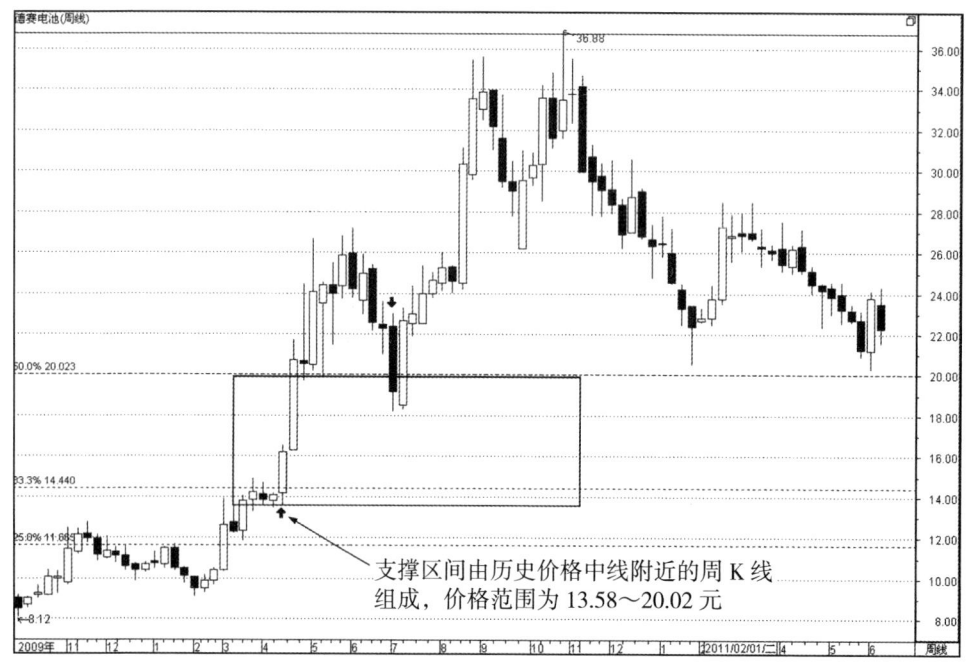

图 3-15　德赛电池（000049）周 K 线支撑区间示意图

如图 3-16 所示，2010 年 6 月 28 日至 7 月 2 日这一周，股价一路大跌，7 月 2 日（第一个上箭头处）收出一根跳空低开较多、下影线约长于实体部分 2 倍、最低价创近两个月来新低的锤子阴线。据表 3-2 分析，买点可靠指数为 80%，可考虑在这一天建仓。

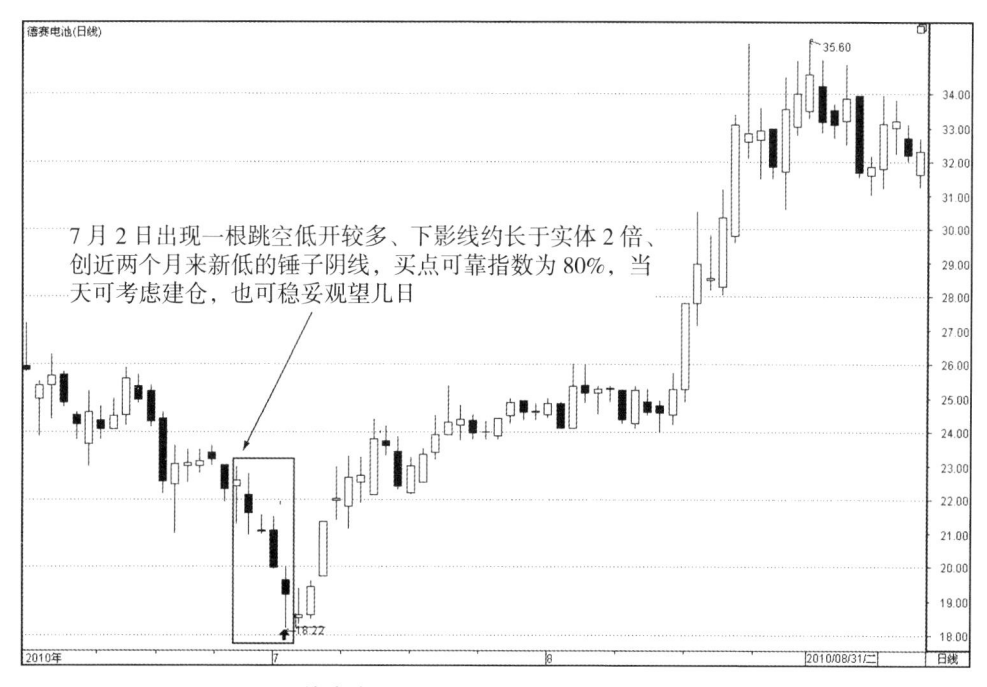

图 3-16 德赛电池（000049）日 K 线底部三武士示意图

2010 年 7 月 5—9 日这一周，前三日即出现底部三武士形态，除去第一根阳线的上影线较长外，其他特征基本符合要求，买点可靠指数为 60%，只要股价回踩不过三武士最低点，即可建仓。

三武士之后，又接连拉出四根阳线，整体上这七根阳线组成"朝阳初现"的形态（三武士之后出现的连续阳线，都可视为三武士形态的延伸）。接下来，要从底部红三兵或三武士形态完成后出现的第一根阴线算起，观察股价回踩的深度。

根据日 K 线研判买点信号，探底锤子线和探底十字线是最为可靠的，其次才是底部红三兵或三武士。如果周 K 线跌入支撑区间，日 K 线没有出现探底锤子线、探底十字线，只有红三兵或三武士出现，应按照"股价回踩不跌破底部红三兵或三武士最低点"作为买入原则。

在出现三武士后的两三天即可判断股价回踩是否跌破三武士的最低点。只要严格按照模型找买点，操作成功的把握就比较大。

2. 实例二：深长城（000042）

深长城（000042，现为中洲控股），在 2009 年 6 月周 K 线处于 25%～33% 的历史价格空间，股价在上升过程中很可能短期盘整或回踩 25% 历史价格线，可重点关注该交易品种。

如图 3-17 所示，首先应确认周 K 线的支撑区间，即 25% 历史价格线附近的密集 K 线区域，支撑区间的价格区间是 10.89～15.59 元。2009 年 6 月

图 3-17　深长城（000042）周 K 线支撑区间示意图

29日至7月3日收出一根涨幅为30%的周K线（第二个上箭头处），就此进入22元区。一旦股价未如预期那样跌入周K线支撑区间，就不符合本模型要求，此时不宜见高追涨。

股价在升至历史中位线价格附近（26元）开始回踩33%历史价格线，原先上涨过程短暂回挡所形成的密集周K线又形成新的支撑区间，价格范围是16.10～19.23元。股价持续下跌，2009年8月17—21日这一周（第一个下箭头）终于跌入周K线支撑区间，此时开始观察日K线是否出现可靠的买点信号。

如图3-18所示，2009年8月17—21日这一周，前三天股价持续下跌，形成"空头炮"（前后两根阴线夹着一根阳线，股价呈逐级递减走势），周四和周五出现两根跳空高开的中阳线，股价未跌至底部。

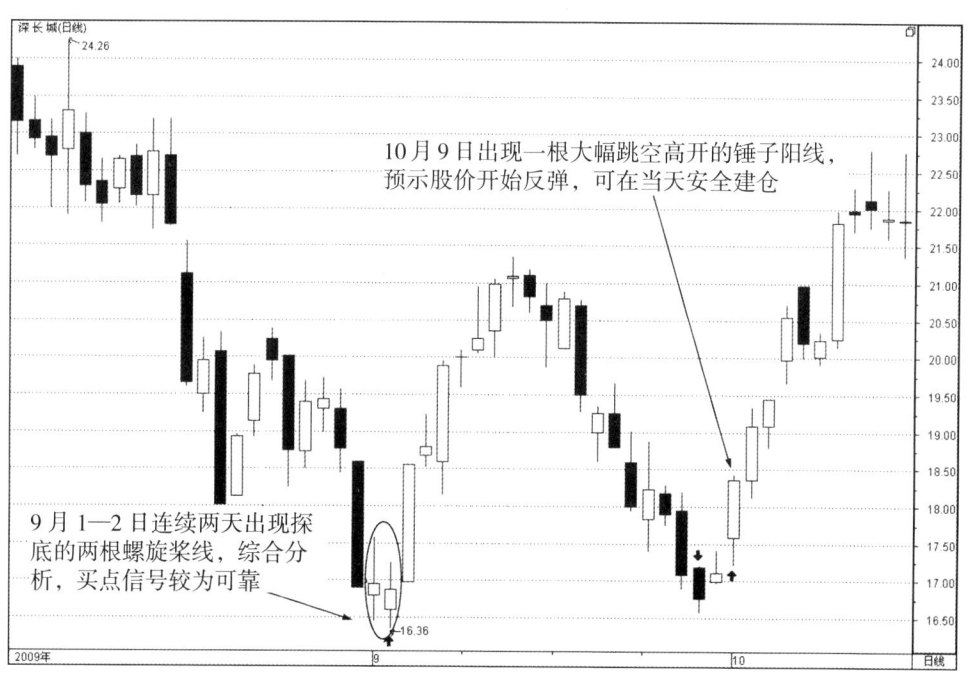

图3-18　深长城（000042）日K线底部红三兵买点示意图

2009年8月24—28日这一周，股价总体下行，但幅度显然不如上一周，买点信号没有出现。

2009年8月31日至9月4日这一周，周一收出一根跌停的大阴线，股价见底的趋势十分明显。随后两天连续出现两根螺旋桨线，这是"十字线探底"信号中比较特殊和少见的一种——"双针探底"，即连续两天出现探底十字线，预示股价见底，后市看涨。一般来说，底部区间出现双针探底，买点可靠指数都在80%以上，可考虑在当天建仓。

这一周的最后两天出现两根涨幅不小的阳线，与周三的螺旋桨阳线组成底部红三兵。随后接连出现5根阳线，与红三兵形成"朝阳初现"的走势，直到9月15日才出现一根阴线。根据底部红三兵的买入原则，必须等到"股价回探不破红三兵最低点"，才能稳妥建仓。9月5日（周一）出现下影线不短的大阳线，可考虑在这一天建仓。

股价从9月中旬开始下跌，探底幅度较深，到9月29日（第一个下箭头处）最低价16.58元已非常接近前一个阶段性低点16.36元。10月9日（第二个上箭头处）拉出一根大幅高开的锤子阳线，股价开始反弹，回探行情结束，这一天也是一个安全建仓的时机。

3. 实例三：联美控股（600167）

联美控股（600167），在2010年5月周K线处于25%～33%的历史价格空间，股价在下跌行情中短暂盘整，接下来有可能回踩25%历史价格线，可重点关注该交易品种。

如图3-19所示，首先应确定周K线的历史支撑区间，即25%历史价格线附近的密集K线区域，支撑区间的价格范围是5.70～7.76元。2010年6月28日至7月2日这一周（第一个下箭头处），周K线跌入支撑区间，此时应注意观察日K线是否有可靠买点信号出现。

如图3-20所示，2009年6月28日至7月2日这一周股价大跌，周一至周三出现"黑三鸦"（与红三兵的走势恰好相反）。7月2日（第一个上箭头处）出现一根平开、下影线 4 倍长于实体部分、创一年以来新低的探底锤子线，买点可靠指数为 80%，此时可以放心建仓。

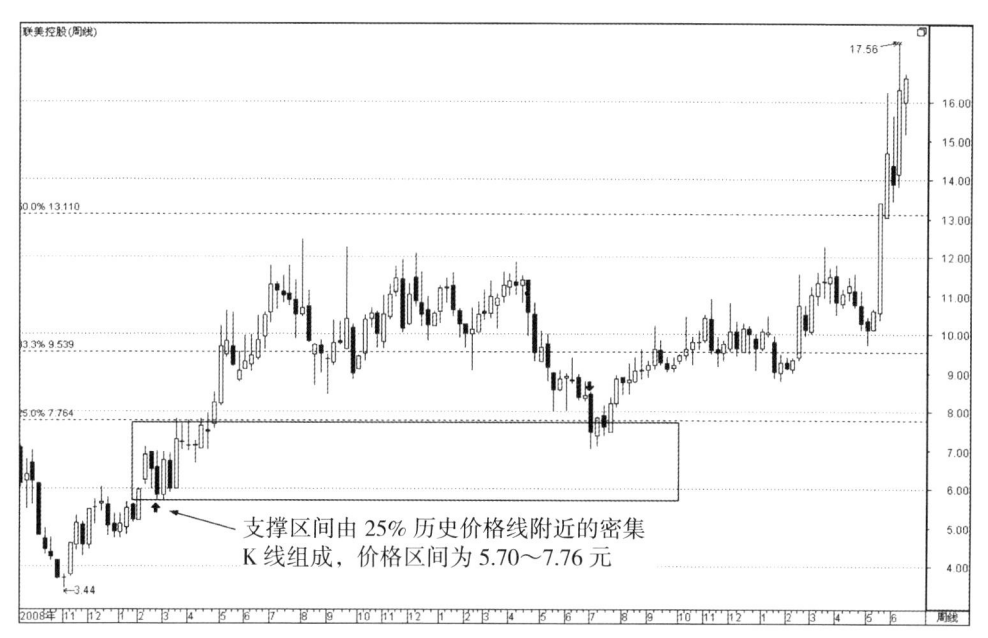

图 3-19　联美控股（600167）周 K 线支撑区间示意图

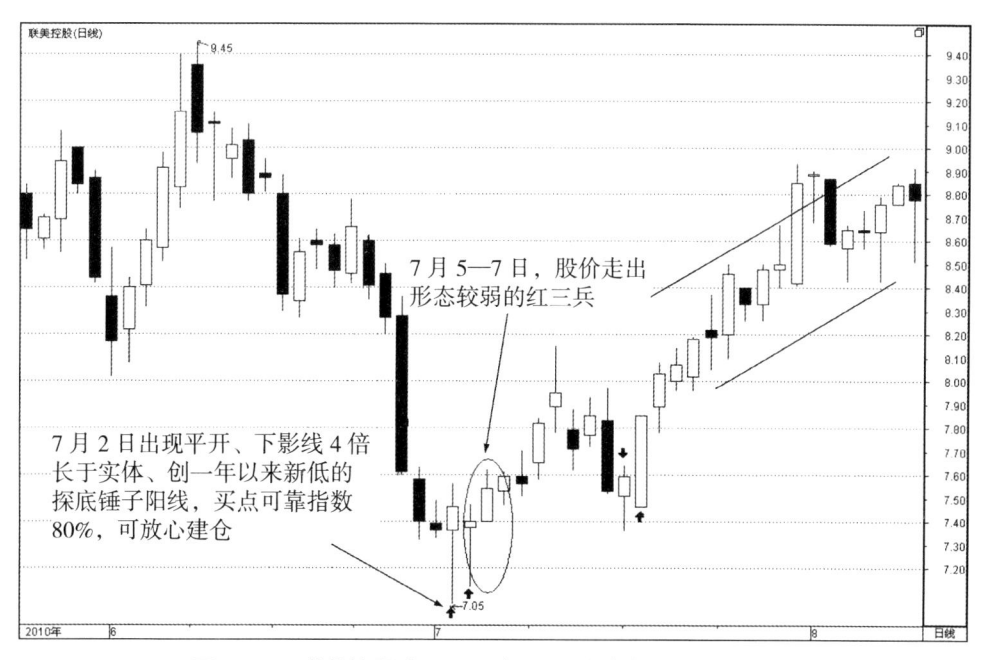

图 3-20　联美控股（600167）日 K 线底部红三兵示意图

紧接着，7月5日又出现一根探底的锤子阳线，与7月2日创新低的锤子线（第二个上箭头处）组成"双针探底"（连续两天出现下影线较长的探底锤子线或十字线，都可视为双针探底），再次夯实了底部。7月5—7日，股价又走出一波红三兵行情——连续出现三种可靠的买点信号，在这一段时间何时建仓都没有问题。

以红三兵的买点研判原则观察这段走势：股价在反弹后的第一次回探，7月16日是回探的最低点（7.36元，第一个下箭头处），距离红三兵最低点（7.14元）有较大距离。7月19日股价低开拉出一根没有上下影线的实体大阳线（第三个上箭头处），预示股价突破底部平台，即将走出一波加速上涨行情，那么这一天无疑是行情启动前的建仓良机。

通过对于日K线买点信号的诸多案例分析，可以发现在周K线跌入支撑区间后，日K线上出现的买点信号，九成以上都是本模型所讲的三种：探底锤子线、探底十字线或T字线、底部红三兵或三武士。

这三种买点信号要么单独出现，要么同时出现两种，要么全部出现，有时也会遇到不出现任何一种信号的情形。若没有出现任一买点信号，即使行情最终会上涨，投资者也不可追涨买入，应坚决按照本模型要求的买点信号研判和操作，没有把握的行情不碰，没有可靠的买点信号坚决不建仓。

五、经典底部形态买入法——双重底的三处买点

1. 技术要点及三处买点

双重底是一种常见的股市底部形态，其形态走势为：股价在阶段性底部进行一段时间整理，在两次触底反弹的过程中积累了不小的上涨能量，先突

破下降趋势线（形态初始高点与峰点的连线）后缓慢攀升，之后在形态的颈线阻力位（峰点的水平价格线）附近放量突破，随即开启一波上升行情。由于股价在这段底部整理阶段的走势很像字母"W"，双重底也称为"W底"，如图 3-21 所示。

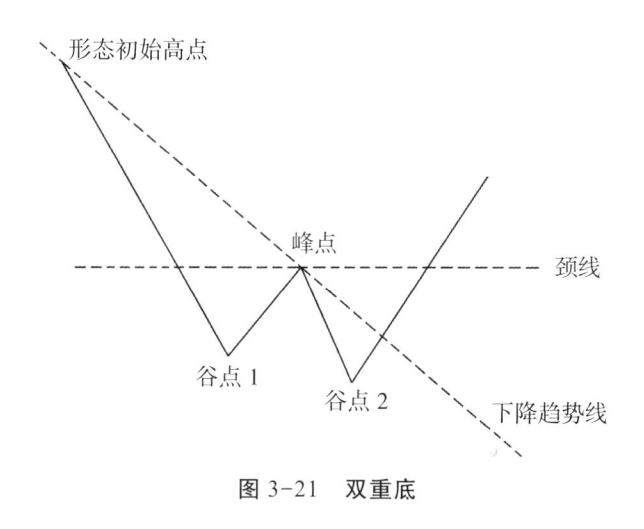

图 3-21　双重底

（1）双重底形态的基本特征。

双重底形态有两个低点（谷点 1、谷点 2）和一个高点（峰点），形态最低点也是该股的阶段性底部。

双重底的谷点 2 可能持平、高于或者低于谷点 1，谷点 2 若低于谷点 1，则形态成立后上涨的幅度较大，通常是由于主力把谷点 1 下方的止损单快速扫掉所形成的走势。

双重底在第二次触底反弹的过程中，突破下降趋势线后会出现短暂的反抽回踩（日 K 线至多为 3 天），只要反抽不跌破下降趋势线，此形态依然有效。

若双重底形态完全成立，突破颈线后的最小涨幅应为形态最低点至颈线阻力位的距离。通常情况下突破颈线后的涨幅会大于最小涨幅。

（2）双重底走势的六个阶段。

阶段①：股价由形态初始高点持续下跌。

阶段②：跌至某一强有力的支撑位之后出现技术性反弹，形成形态的第一个低点（谷点1）。

阶段③：反弹至一个强大的阻力位，形成形态的相对高点（峰点），股价随后回落。

阶段④：跌至第一个低点附近，再次获得强大的抄底盘支撑，形成形态的第二个低点（谷点2），开始第二次反弹。

阶段⑤：第二次反弹以较短的时间突破下降趋势线。

阶段⑥：股价突破下降趋势线之后，又突破颈线，以平缓的势头向上攀升。在某一天成交量暴涨，拉出一根大阳线，突破形态的颈线阻力位（或者股价在颈线附近盘整一段时间，随后以大阳线完成形态突破），行情就此一路走高，双重底形态宣告完成。

（3）双重底形态的四点研判特征。

研判特征①：双重底形态以下跌开始，第二次触底反弹突破颈线阻力位后，若回踩不破颈线，则此形态有效。若以放天量的大阳线突破颈线阻力位，股价持续上升、远离颈线，则此形态完全成立。

研判特征②：双重底的两个谷点形成时间一般为一个月（个别情况为两三个月）。这是研判"标准且有效力"的双重底形态的重要依据。

研判特征③："谷点2"形成时成交量较少，预示空方能量已竭。

研判特征④：形态第二次触底反弹突破颈线阻力位的当天，必须伴随超大成交量的配合，否则形态不能成立。

（4）双重底形态中三个可靠买点信号。

买点①："谷点 2"形成时出现可靠的探底 K 线买入信号。

买点②：确认第二次反弹突破下降趋势线且回抽不破下降趋势线。

某一日以天量大阳线突破颈线阻力位且上涨大势已确定。

买点③：需要指出的是，双重底形态的三个可靠买点中，研判难度最大的是"天量大阳线突破颈线阻力位的买点"。当天必须是一根拉升突破平台、吹响上攻冲锋号的大阳线，否则后市很可能还在颈线附近盘整，甚至反抽下跌，导致双重底形态不成立。

天量大阳线突破颈线（颈线阻力位，多空双方战略上的必争之地），多方占优，随后多头将以势如破竹的气势突破上方大大小小的阻力位，股价就此一路高歌猛进。如果不是天量大阳线突破颈线阻力位，多空双方还得在颈线附近争夺一阵，多头可能会出现战略上的败退。

（5）找到"标准且有效力"的双重底。

在日 K 线图上，我们能够找到很多疑似的双重底形态。事实上，像双重底这种重要的底部形态在股市中被大家完全滥用了，许多投资者在盘中看到疑似双重底，既不分析当前股价处于怎样的历史价格空间，也没有用正确的技术标准去研判，想当然地就按照双重底的特征买入股票，在被套牢或亏损后还愤怒地抱怨"技术分析不管用"，但其实是对形态本身没有真正研判清楚。

投资者应牢记"双重底形态研判特征"中重要的几点：形态第二次触底反弹突破下降趋势线，至多会有两三天回踩行情，只要回踩不跌破下降趋势线，此形态还是疑似双重底；接下来，股价若在某一天以天量大阳线突破颈线阻力位，并且第二天股价继续上升，则双重底形态完全成立，可确认此形态就是"标准且有效力"的双重底。

对于"标准且有效力"的双重底，投资者在形态上的三个可靠买点建仓，就能抓住不错的上涨行情所带来的利润；在不符合或不标准的"假双重底"形态上建仓，很可能买入后遭遇盘整或下跌行情。

在实战中，投资者应牢记"双重底的研判特征"，认清"标准且有效力"的双重底，以免误将小人当贵人、错把李鬼看成李逵，在股市中造成损失。

下面结合实战案例，帮助投资者正确识别"标准且有效力"的双重底形态，从中找到符合要求的稳妥买点。

2. 实例一：美国超微公司（AMD）

美国超微公司（AMD）自 2018 年 4 月 4 日阶段性低点 9.04 美元，至 2018 年 9 月 13 日阶段性高点 34.14 美元，出现一段持续 4 个月的上升趋势，涨幅高达 277%。如图 3-22 所示，2018 年 8 月底周 K 线（上箭头处）冲高进入 25%～33% 的历史价格区间，并于 2018 年 10 月 15—19 日这一周（下箭头处）跌破 25% 历史价格线，对应的历史价格是 24.88 美元，正处于回探的下跌走势，是值得关注的交易品种。此时应注意观察日 K 线上是否会有可靠的买点信号出现。

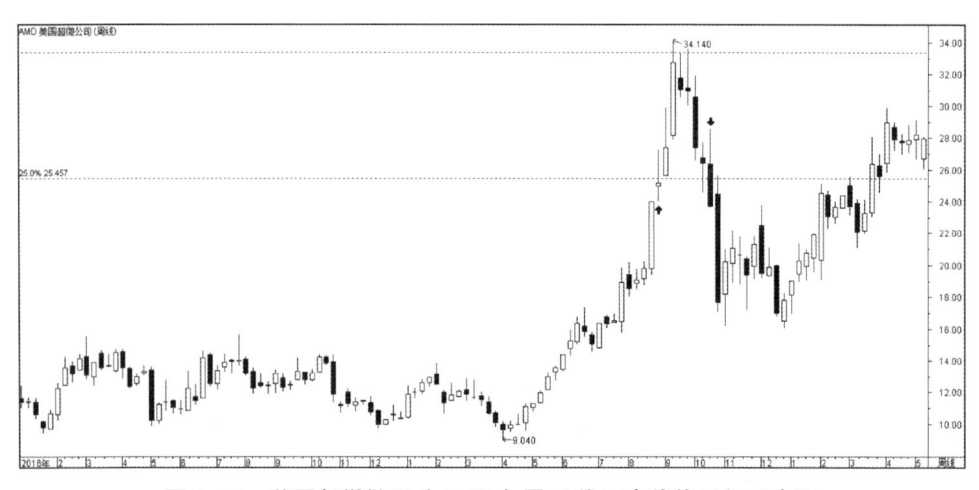

图 3-22　美国超微公司（AMD）周 K 线历史价格区间示意图

(1)利用探底 K 线研判双重底形态中的买点信号。

如图 3-23 所示,自 2018 年 10 月 19 日(周五,下箭头处)起开始观察该股的日 K 线走势,可以看到在随后的两个多月时间里只有一个疑似的探底 K 线买点信号——12 月 26 日(谷点 2)收出一根近半年来新低的长下影线阳线,随后是根孕线,并且是下影线很长的十字星线。

"谷点 2"随后的 3 天出现疑似红三兵走势,但由于第一根和第二根阳线的上影线和下影线都很长,基本上不符合标准红三兵定义。

2019 年 1 月 10 日(周四,第二个上箭头处)收出一根跳空低开较多,下影线长度为实体部分 10 倍以上,同时是上影线长度的 4 倍以上,实体为一字线的 T 字线,买点可靠指数接近 100%。

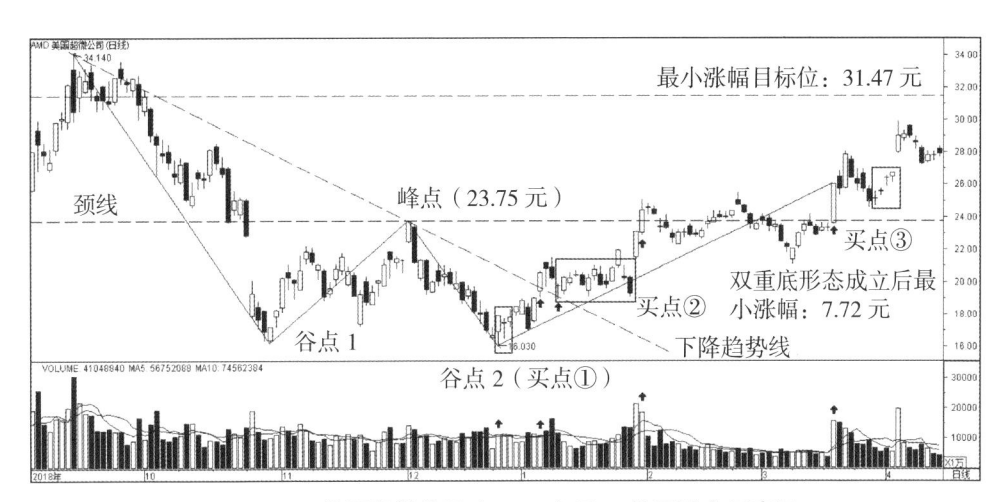

图 3-23　美国超微公司(AMD)日 K 线双重底示意图

以上是通过"探底 K 线"研判出的买点信号。下面从形态入手分析这段时间的走势,找出形态中的可靠买点。

(2)确定双重底形态是否"标准且有效力"。

如图 3-23 所示,2018 年 9 月至 2019 年 3 月的走势是疑似双重底,形态开始时间是 2018 年 9 月 13 日阶段性高点 34.14 美元，截止时间是 2019 年 3 月 19 日（周二，第四个上箭头处，当天收出放天量、涨幅超过 11%、具有战略意义的一根大阳线，宣告双重底形态完全成立），历时 6 个月。

首先，将整个形态标画出来。双重底的"谷点 1"与"谷点 2"的形成时间将近 2 个月（日 K 线图上为 39 根左右的 K 线），将盘面调节到合适比例，标出双重底的走势。

一般来说，形态的每一段走势是在"走势顶点（日 K 线最高点）"与"走势底点（日 K 线最低点）"之间画出一条线段。双重底形态通常由 4 条线段组成，从分析的角度，又可以细致划分为六段主要走势。

① "形态初始高点"至"谷点 1"。

② "谷点 1"至"峰点"。

③ "峰点"至"谷点 2"。

④ "谷点 2"至突破下降趋势线。

⑤ 突破下降趋势线至突破颈线。

⑥ 突破颈线至形态完全成立（2019 年 3 月 19 日大阳线的最高价）。

除了形态的六段主要走势，还需要在日 K 线图上标注和绘制三条辅助线：双重底的下降趋势线、颈线以及最小涨幅。

下降趋势线是"形态初始高点"与"峰点"的连线，意味着当前这段下降趋势所面临的价格阻力。2019 年 1 月 7 日（周一，第一个上箭头处）是涨幅超过 8% 的大阳线，通常被称为"突破下降趋势的阳线"，此时股价从"谷点 2"向上反弹，强有力地突破了下降趋势线。

颈线是以"峰点"作的水平价格线，意味着底部盘整的阻力位。以 2018 年 12 月 3 日（周一）的最高价 23.75 美元所作的水平线就是颈线阻力位。

最小涨幅是"峰点"与形态最低点的价格差，它是研判双重底形态是否"标准且有效力"的重要指标，意味着当股价突破颈线阻力位，形态完全确立后，可能实现的最小涨幅。通常情况下，假如股价突破颈线阻力位后三个月内没有实现最小涨幅，则未来的上涨力度可能会十分有限。图 3-23 中形态最低点是"谷点 2"，最小涨幅为 7.72 美元，也就是说一旦股价突破颈线阻力位，后续有可能上涨到 31.47 美元左右。

图 3-23 中的"买点①""买点②""买点③"分别是双重底形态中的三个可靠的买点信号。"买点①"是形成"谷点 2"后，股价呈现出一下跌就回弹的强力支撑；"买点②"是价格突破下降趋势线后，每次回调都在下降趋势突破线的最低价附近遇到强力支撑；"买点③"以天量大阳线突破颈线阻力位，随后的回调没有跌破颈线阻力位，上涨大势已确定。

依次将形态初始高点、两个谷点、一个峰点，以及走势形态、下降趋势线、颈线、最小涨幅及数值在日 K 线图上标出，整个双重底形态一目了然。

（3）从成交量判断双重底形态是否"标准且有效力"。

在成交量窗口，分别将"谷点 2""突破下降趋势的阳线""突破颈线阻力位的天量大阳线"这三个特殊日子的成交量标注出来，便于从成交量角度研判双重底形态是否成立。根据前文提到的双重底形态四点研判特征，此处需要用研判特征①、研判特征③和研判特征④。

研判特征①："突破颈线阻力位的天量大阳线"当日成交量相对前一段时间是"天量"。图 3-23 中成交量窗口第四个上箭头处，前一日成交量不足 3500 万股，当日成交量暴涨至 1.56 亿股，就整个形态成交量而言，毫无疑问是"天量"。

研判特征③："谷点 2"形成时成交量较少。图 3-23 中成交量窗口的第一个上箭头处，"谷点 2"前一日成交量接近 6300 万股，不足之前成交量 1.32 亿股的一半，而"谷点 2"当日创出新低之后快速拉回，成交量逐渐恢复至 1.09 亿股。

研判特征④:"突破下降趋势的阳线"当日成交量相对较多。图 3-23 中成交量窗口第二个上箭头处,当日成交量 1.07 亿股,略小于前一日成交量 1.12 亿股。由于成交量没有配合价格上涨,随后 15 天的股价一直在"突破下降趋势的阳线"的价格区间盘整,直到成交量窗口第三个上箭头处,成交量 2.11 亿股,相对前一日成交量 1.31 亿股,超过 60%。

(4)研判双重底形态中的三个可靠买点。

标注和绘制完双重底形态,接下来就要找到形态中的三个可靠买点是否成立。在周 K 线跌破关键的历史价格线后,观察日 K 线走势,直至"谷点 2"的出现,发现这段行情是疑似双重底。根据双重底形态特征,在确认形态是否"标准且有效力"的过程中,找出三个可靠的买点。

如图 3-23 所示,"谷点 2"及随后几日是形态中第一个可能的"买点①"区域,结合探底 K 线买入信号分析,"谷点 2"收出一根近半年来新低的长下影线阳线,随后是根孕线,并且是下影线很长的十字星线。另外,以这根十字星线起算的三根 K 线构成疑似红三兵,综合考虑可在此附近建仓。

股价在 2019 年 1 月 7 日以大阳线突破下降趋势线,随后 15 天股价一直在大阳线的价格区间横盘整理。可以看到,1 月 10 日、17 日以及 29 日这三天最低价在 19 美元附近都得到了有力支撑,而 19 美元正是"突破下降趋势的阳线"的最低价。从双重底形态分析,股价只要回抽时未跌破下降趋势线,随后将一路上行,直至遭遇颈线阻力位。若在图 3-23 中的"买点②"区域建仓,这一买点的利润空间是颈线阻力位 23.75 美元附近。

形态中的第三个稳妥的买点是在颈线阻力位附近的"买点③"区域,这一买点的利润空间是最小涨幅目标位 31.47 美元附近。在实战中强势双重底是比较少见的,强势双重底是指股价第二次触底反弹,从"谷底 2"至颈线阻力位附近,稍作停留便以天量大阳线强势突破,股价在几日内迅速蹿升,远离颈线，很快实现形态最小涨幅，宣告"标准且有效力"的双重底成立。

通常的情况是双重底第二次触底反弹至颈线阻力位附近，至少要盘整一两周甚至一两个月的时间，行话讲："量能不够，突破不了，股价先在阻力位附近'磨'，直至量能足够，市场上买方气盛，再拉出天量大阳线突破阻力位，蹦到上一级价格平台。"

当然，也存在受大盘利空及诸多因素影响，在阻力位"磨"了几个月始终无法突破，最后出现大阴线，形态反转下行。当股价行至颈线阻力位附近，一定要等待两个信号出现：某一日出现天量大阳线，实体部分突破颈线阻力位（或站上颈线阻力位）；出现天量大阳线的第二天，也是明显利好的K线走势。

如图3-23所示，股价在突破颈线后曾于2019年1月31日（周四，第三个上箭头处）拉出一根涨幅5.7%、突破颈线阻力位、成交量1.83亿股的中阳线。前一日也是跳空高开、涨幅达19.95%、成交量2.11亿股的大阳线。但随后的孕线形态包含了4根子线，日成交量萎缩至不到8000万股。从这几日的量价情况分析，1月31日为形态假突破，当日上影线较长，说明市场上从低点买入的获利盘打压不少，之后的日成交量萎缩一半，表面上投资者对后市上涨的信心普遍不足，股价将在颈线附近盘整一段时间，寻求下一次突破。

此后的一个半月，股价虽也曾站上颈线阻力位，但由于缺少天量的配合，始终在颈线附近徘徊不前。直至3月19日（周二，第四个上箭头处）收出较前一日跳空高开、涨幅超过11%的大阳线，当日成交量突破1.56亿股，是前一日成交量的4倍多，放出天量。此时股价早已远离颈线，当天建仓是比较理想的，也可等待价格回调至颈线附近建仓。

第二日（3月20日）是一根跳空高开的中阴线，确认后市利好和"标准且有效力"的双重底形态完全成立。由于双重底形态比较可靠，那么后市的最小涨幅 7.72 美元可能会实现，也就是说股价后续可能涨到 31.47 美元左右。最终，股价在 2019 年 6 月 6 日以大阳线收于 31.92 美元。

3. 实例二：海隆软件（002195）

海隆软件（002195，现为二三四五），在 2010 年 4 月末周 K 线处于 33%～50% 的历史价格空间，处于回探 33% 历史价格线的下跌走势，是值得关注的交易品种。2010 年 5 月 4—7 日这一周周 K 线跌入历史支撑区间，此时应注意观察日 K 线上是否有可靠的买点信号出现。

（1）利用探底 K 线研判双重底形态中的买点信号。

如图 3-24 所示，2010 年 5 月 4 日起开始观察该股的日 K 线走势，发现股价在随后两个月只有一个疑似的探底 K 线买点信号：7 月 2 日（谷点 2）收出一根稍稍低开、创近半年来新低、下影线是实体部分 2 倍的探底锤子阴线，据表 3-1 分析，买点可靠指数为 70%。

随后 3 天出现疑似红三兵走势，但由于第二根阳线跳空低开，基本上不符合标准红三兵定义，不属于可靠的买点信号。

7 月 6 日，收出一根低开、下影线长于实体部分 4 倍的十字阴线（第一个上箭头处），买点可靠指数为 80%。

又过了 3 天，再次出现较为标准的红三兵走势，结合 7 月 6 日的锤子线，阶段性底部的特征明显，此时应关注回踩是否跌破红三兵最低点。7 月 28 日是红三兵出现后的第三天（第三个上箭头处），前一日收出回探的小阴线，这一天是低开高走的小阳线，与前一日形成"曙光初现"的走势，后市利好可能性较大。综合分析，股价已很难短期跌破红三兵最低点，7 月 28 日这一天是利用"底部红三兵"买点信号研判出的一个建仓时机。随后的三四个月股价呈连绵上升态势，于 2010 年 11 月 5 日创下 26.78 元的阶段性新高。

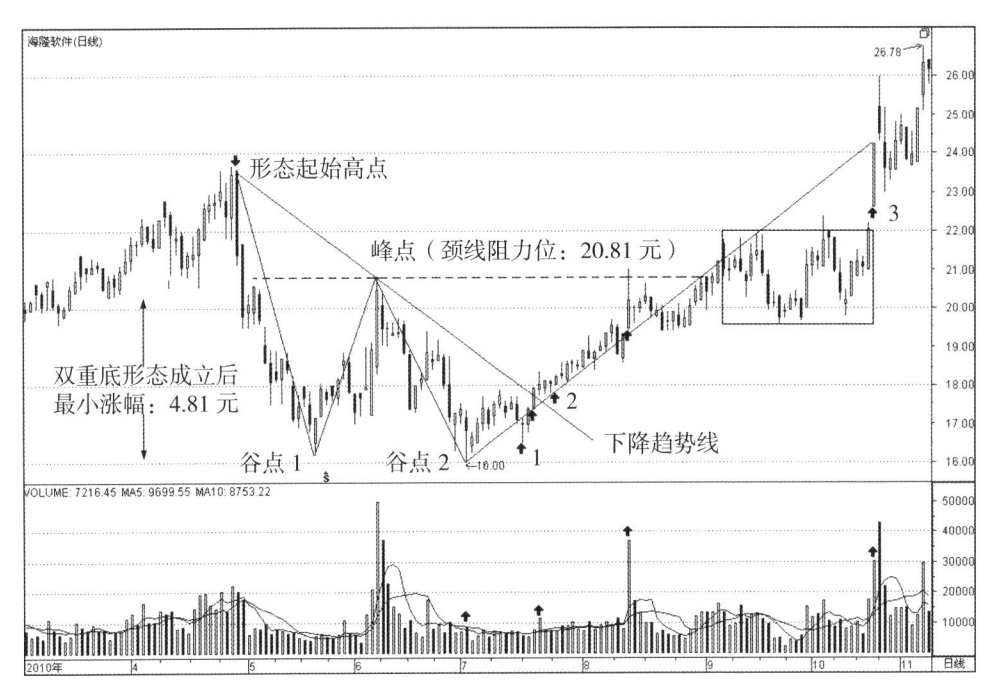

图 3-24　海隆软件（002195）日 K 线双重底买点示意图

注：图中的"1""2""3"分别为双重底形态中三个可靠的买点信号："谷点 2"形成时出现可靠的 K 线买入信号；确认第二次反弹突破下降趋势线后回抽不过下降趋势线；以天量大阳线突破颈线阻力位且上涨大势已确定。

以上是通过"探底 K 线"研判出的买点信号。下面我们从形态入手分析这段时间的走势，找出形态中的可靠买点。

（2）确定双重底形态是否"标准且有效力"。

如图 3-24 所示，2010 年 4—10 月的走势是疑似双重底，形态起止时间是 2010 年 4 月 29 日（第一个下箭头，阶段性下跌的初始高点）至 10 月 25 日（第五个上箭头处，当天收出放天量、接近涨停、具有战略意义的一根大阳线，宣告双重底形态完全成立），历时 6 个月。

首先，将整个形态标画出来。双重底的"谷点 1"与"谷点 2"的形成时间为 1 个月（日 K 线图上为 30 根左右的 K 线），将盘面调节到合适比例，标出双重底的走势。

除了形态的四段主要走势，还需要在日 K 线图上标注和绘制三处辅助线段：双重底的下降趋势线、颈线阻力位、形态最小涨幅。

下降趋势线是"形态初始高点"与"峰点"的连线，之后与形态第二次触底反弹的某根 K 线相交，这根日 K 线即是下降趋势突破线，也就是股价从"谷点 2"向上反弹突破下降趋势线的那一天，在图 3-24 中是 7 月 20 日涨幅 3% 的中阳线（第三个上箭头处）。

颈线阻力位是"峰点"的最高价所形成的水平价格线，也是形态的最高点。

"峰点"与形态最低点的价格差，就是形态完全确立以后，突破颈线阻力位后的股价最小涨幅，是研判双重底形态是否"标准且有效力"的重要指标。假如形态突破颈线后一两周内无法实现最小涨幅，意味着此双重底形态不是"标准且有效力"的，未来的上涨力度将十分有限。

依次将 4 根形态线、下降趋势线、颈线阻力位、最小涨幅区间及数值、两个谷点、一个峰点、形态初始高点，在日 K 线图上用画图工具标出，则整个双重底形态也就一目了然了。

（3）从成交量判断双重底形态是否"标准且有效力"。

打开软件中的成交量窗口，将"谷点 2""突破下降趋势线当天""天量大阳线突破颈线阻力位当天"这三个特殊日子的成交量标注出来，便于从成交量角度研判双重底形态是否成立。

"谷点 2"当天成交量较少（图 3-24 成交量窗口的第一个上箭头处，成交量不到 1 万手，较少）。

"突破下降趋势线当天"的成交量相对较多（图 3-24 成交量窗口第二个上箭头处，相对之前一段时间 7000 手左右的成交量，当天成交量突然超过 1

万手，较多）。

"天量大阳线突破颈线阻力位当天"成交量相对前一段时间是天量（图3-24成交量窗口第四个上箭头处，前一日成交量17000手，当天成交量暴涨至3万手，就整个形态成交量而言，毫无疑问是天量）。

（4）研判双重底形态中的三个可靠买点。

标注和绘制完双重底形态，接下来就要找到形态中的三个可靠买点是否成立。在周K线跌入支撑区间后，观察日K线走势，直至"谷点2"出现，发现这段行情是疑似双重底。根据双重底形态特征，在确认形态是否"标准且有效力"的过程中，找出三个可靠的买点。

"谷点2"的当天（7月2日）是形态中第一个可能的买点，结合探底K线买入信号分析，当天的探底锤子线买点可靠指数为70%，比较可靠，可考虑在当天建仓。

7月20日，股价以中阳线突破下降趋势线，随后几日回抽不过下降趋势线。上面分析过7月26日是比较稳妥的买入点。从双重底形态分析，股价只要回抽未跌破下降趋势线，随后将一路上行，直至遭遇颈线阻力位。这一买入点的利润空间是突破下降趋势线至颈线阻力位的距离。

形态中第三个稳妥的买点在颈线阻力位附近。强势的双重底形态，第二次触底反弹至颈线阻力位附近，稍做停留便以天量大阳线强势突破，股价在几天内迅速蹿升，远离颈线，很快实现形态最小涨幅，宣告"标准且有效力"的双重底成立。

如图3-24所示，股价在突破颈线后曾于8月12日（第四个上箭头处）拉出一根涨幅4%、上影线突破颈线阻力位、成交量暴涨至37000手的中阳线，但随后第二天出现完全包裹在前一日实体内的T字线，成交量萎缩至17000手。从这两日的量价情况分析，8月12日为形态假突破，当日上影线较长，说明市场上从低点买入的获利盘打压不少，第二天成交量萎缩一半，表明投资者对后市上涨的信心普遍不足，股价将在颈线附近盘整一段时间，寻求下一次突破。

此后的两个月，股价虽然也曾站上颈线阻力位，但由于缺少天量的配合，始终在颈线附近徘徊不前。直至 10 月 25 日，收出较前一日跳空高开、接近涨停的大阳线，当日成交量突破 3 万手，放出天量，此时股价早已远离颈线，当天建仓是比较理想的。

第二日（10 月 26 日）是一根跳空高开的中阴线，确认后市利好和"标准且有效力"的双重底形态完全成立。由于双重底形态比较可靠，那么后市的最小涨幅应为 4.81 元，也就是说股价至少会涨至 25.62 元（颈线阻力位＋形态最小涨幅）。最终，股价在 2010 年末运行至 26 元附近。

通过这一案例，投资者应当看出：实战中，"利用底部形态研判买点"应与"利用探底 K 线研判买点"相结合，在形态确认的过程中找到形态中的三个可靠买点。这一过程不仅是对探底 K 线买点信号的进一步确认，更是确定形态本身的可靠买点，使投资者买股票选择更多，买点更可靠。

4. 实例三：金宇集团（600201）

金宇集团（600201，现为生物股份），2010 年 5 月周 K 线处于 33%～25% 的历史价格空间，股价回探 33% 历史价格线，是值得关注的交易品种。2010 年 5 月 10—14 日这一周，周 K 线跌入历史支撑区间，此时应观察日 K 线是否有可靠买点信号出现。

（1）利用探底 K 线研判形态中的买点信号。

如图 3-25 所示，从 2010 年 5 月 10 日起开始观察该股日 K 线走势，股价在随后两个月只有一个可靠的 K 线买点信号出现：7 月 5 日（谷点 2）收出一根跳空低开、实体为一字线、下影线长于实体 6 倍、创 9 个月来新低的 T 字线，买点的可靠指数为 90%，当天建仓是比较可靠的。

图 3-25　金宇集团（600201）日 K 线双重底买点示意图

随后出现疑似红三兵（第三根阳线的上影线较长），表明反弹的上升趋势良好。股价在随后回挡过程中出现疑似探底锤子线（7 月 16 日，第一个上箭头处）：实体低开、下影线长于实体 3 倍的锤子阳线，据表 3-1 分析，买点可靠指数为 70%。

（2）确定双重底形态是否"标准且有效力"。

下面从形态入手分析这只股票。如图 3-25 所示，2010 年 4—9 月的走势疑似双重底，形态的起止时间是 2010 年 4 月 29 日（阶段性下跌的初始高点）至 9 月 2 日（第四个上箭头处，当天是创 16 万手天量、涨幅 6%、具有战略意义的大阳线，宣告此双重底完全成立），历时 5 个月。

依次将形态初始高点、两个谷点、一个峰点，以及走势形态、下降趋势线、颈线、最小涨幅及数值在日 K 线图上标出。此形态中，"谷点 1"与"谷点 2"的形成时间为 28 天（28 根日 K 线），符合双重底形态的特征。

（3）从成交量判断双重底形态是否"标准且有效力"。

图 3-25 的成交量窗口，将"谷点 2""突破下降趋势线当天""天量大阳线突破颈线阻力位当天"的成交量标出，研判此双重底是否"标准且有效力"。

7 月 5 日，"谷点 2"（成交量窗口第一个上箭头处）当天成交量 4 万手，较前几日成交量较低，符合要求。

7 月 20 日，"突破下降趋势线当天"（成交量窗口第二个上箭头处）成交量 5 万手，较前几天 2 万手～3 万手的成交量较高，符合要求。

9 月 2 日，"天量大阳线突破颈线阻力位当天"（成交量窗口第三个上箭头处）成交量暴涨至 16 万手，较前一段平均 10 万手的成交量无疑是天量，符合要求。

综合以上 3 根特殊日 K 线成交量，此双重底符合"标准且有效力"的要求。

（4）研判双重底形态中的三个可靠买点。

标注和绘制完双重底，接下来要找出形态中的三个可靠买点。

"谷点 2"结合探底 K 线买入信号分析，当天的探底 T 字线买点可靠指数为 90%，建仓是比较理想的。

7 月 20 日，以涨幅 3% 的中阳线突破下降趋势线，随后四五天连拉阳线，回抽明显跌不破下降趋势线，宜考虑在 7 月 28 日（第三个上箭头处）出现"曙光初现"的 K 线组合后建仓。

形态第二次触底反弹至颈线阻力位附近不作停留，连续放量突破，升至

12元附近回挡，始终在颈线上盘整。股价在颈线阻力位附近"磨"行情、积累量能，表明其强势的底部特征。股价确定在颈线附近进入盘整阶段，之前提到过一定要等待两个信号出现。

如图3-25所示，9月2日（第四个上箭头处）是跳空高开、涨幅6%的大阳线，当天成交量放天量，股价早已远离颈线，建仓是比较理想的。

第二天（9月3日）是跳空高开的螺旋桨线，确认后市利好和"标准且有效力"的双重底形态成立。股价随后经过一段时间攀升，在11月末实现形态的最小涨幅（2.92元），升入15元平台。

5. 实例四：诺普信（002215）

此案例是一个典型的反例。通过这一案例，提醒投资者在研判双重底形态及买点时必须把握好细节。诺普信2010年6月跌入周K线支撑区间，此时应观察日K线是否有可靠的买点信号出现。

（1）利用探底K线研判形态中的买点信号。

如图3-26所示，2010年5—8月，该股在日K线上只有一个可靠的探底K线买点信号：2010年7月5—7日（"谷点1"开始的3天走势）是标准的"底部红三兵"，随后应注意观察之后股价回踩是否跌破红三兵最低点。7月16日是股价回探后的低点，当日最低价距红三兵最低点有1元钱的差价。

投资者应牢记"红三兵的回探越深，越接近红三兵最低价且不跌破，底部买点信号就越可靠"。7月20日（第一个上箭头处）拉出一根涨停大阳线，宣告红三兵回踩的结束，这一天建仓是比较可靠的。

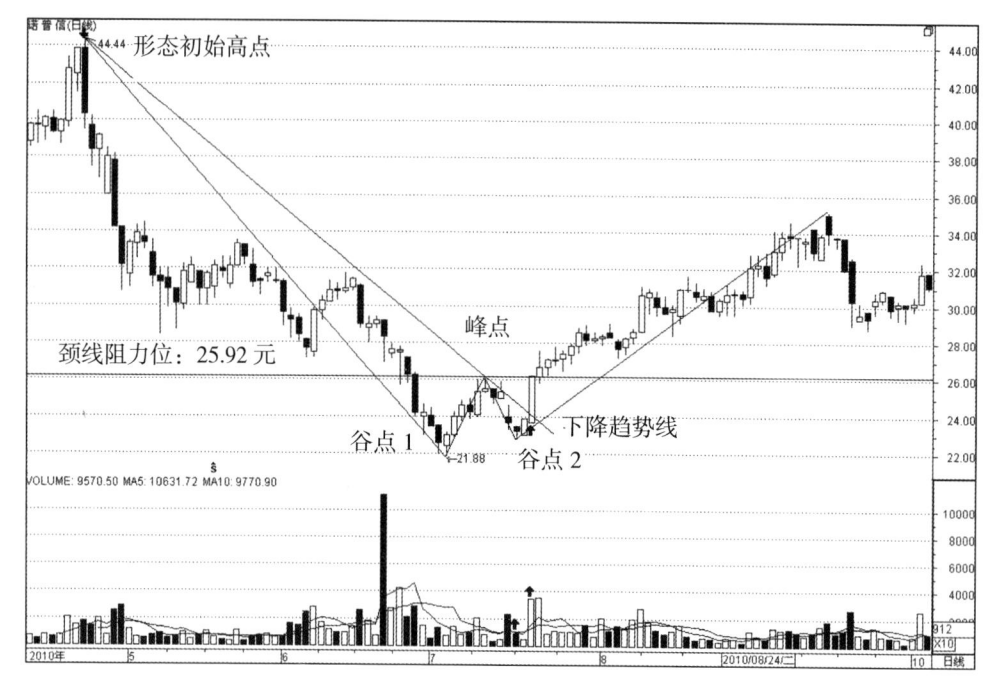

图 3-26　诺普信（002215）日 K 线双重底买点示意图

（2）确定双重底形态是否"标准且有效力"。

从形态入手，首先很明显就能看出此双重底形态不是"标准且有效力"的，为什么呢？因为"谷点1"与"谷点2"的形成时间太短。"标准且有效力"的双重底形态，"谷点1"与"谷点2"的形成时间至少应为 25 天，而此形态只有 10 天，太短了。通过这一研判标准，我们就能迅速判断某一疑似底部形态是不是"标准且有效力"的双重底。

7 月 20 日拉出的大阳线，同时突破了下降趋势线和颈线阻力位，这显然也是在"标准且有效力"的双重底形态中不可能出现的：在"标准且有效力"的双重底形态中，下降趋势线和颈线阻力位不可能在同一天突破。

（3）从成交量判断双重底形态是否"标准且有效力"。

再看图 3-26 的成交量窗口，看 3 根特殊日 K 线的成交量是否符合要求。

"谷点2"（7月19日）当天成交量不到9000手，较前几日偏小，符合要求。

7月20日股价"突破下降趋势线"，当天成交量34000手，相对前几日成交量较高，符合要求。

还是7月20日，从"天量大阳线突破颈线阻力位"的角度看，成交量就有点说不过去。天量至少应是前一段成交量的2~3倍，大阳线突破颈线当天的成交量，在整个形态中也应是成交量排名前列的。

双重底的"形态初始高点"应是之前盘整行情中的阶段性高点，很少是长期下跌走势的高点。股市中，下跌行情所形成的底部形态，通常是"V形反转（或两日探底）"，反转幅度较大，投资者不容易抄底；盘整行情所形成的底部形态，包括"双重底""头肩底""三重底"等主流的底部形态，涨幅不小且投资者容易把握。图3-26的"形态初始高点"走出一波较长的下跌行情，此形态为双重底的可能性较小，V形底的可能性较大（事实上，我们最终发现此形态就是一种变形的反转较为平缓的V形底）。

尽管该股在突破颈线后的两三个月是平稳上升的行情，涨幅也超过现有形态的最小涨幅，但综合以上的指标研判，这一段走势不是"标准且有效力"的双重底，不能以双重底的三个形态买点信号进行研判。

当底部形态不符合或者不标准时，投资者应做到坚决不从形态中找买点。如果通过K线、形态和指标无法找到可靠的买点，还是那句话"宁可错过，不可做错"。为保证交易的安全性，稳妥建仓才是正道。

买点精确，可降低持仓成本，避免短期内遭遇深度套牢，这也是本模型的优点之一。而按照本模型卖出股票时，则不必非常精确，因为只要买点准确，不过是赚多赚少的区别。

六、经典底部形态买入法——头肩底的两处买点

1. 技术要点及两处买点

头肩底与双重底一样，也是股市中常见的底部形态，其形态走势为：股价在阶段性底部进行一段时间的整理，在三次触底反弹的过程中积累不小的上涨能量，最终以天量大阳线突破颈线（头肩底形态中期两个峰点之间的连线），开始一波上升行情。由于股价在这段底部区间的走势很像倒过来的上半身形态，三个底部分别称为"左肩""头部""右肩"，整个形态也称"头肩底"（见图3-27）。

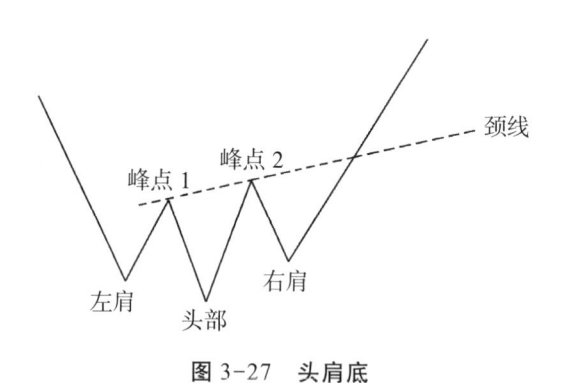

图3-27 头肩底

（1）头肩底形态的基本特征。

头肩底形态有三个低点（左肩、头部、右肩）和两个高点（峰点1、峰点2）。

头肩底的"峰点1"与"峰点2"可能持平，多数时候"峰点1"略高于或略低于"峰点2"。相应的，颈线也略微向上或向下倾斜（"峰点1"若是低于"峰点2"，颈线倾斜向上，形态较为强势，成立后上涨幅度较大）。

若头肩底形态完全成立，突破颈线后的最小涨幅应为形态最低点至颈线阻力位的价格差。通常情况下，形态突破颈线后的涨幅会大于最小涨幅。

（2）头肩底走势的六个阶段。

阶段①：股价由形态初始高位开始下跌，跌至某一强有力的支撑位出现技术性反弹，形成形态的第一个低点（左肩）。

阶段②：股价在"左肩"处得到买盘支持开始反弹，反弹至一个强有力的阻力位，形成形态的第一个高点（峰点1）。

阶段③：股价从"峰点1"开始回踩，跌幅较深（获利盘的打压比较大），跌破"左肩"的支撑位，形成形态的第二个低点，这也是整个形态的最低点——"头部"。

阶段④：股价在"头部"获得强大的抄底盘支撑，开始第二次反弹，形成形态的第二个高点（峰点2）。

阶段⑤：股价在"峰点2"遭遇获利性抛盘，开始回跌，跌至"左肩"支撑位附近，形成形态的第三个低点（右肩）。

阶段⑥：股价行至"右肩"附近，场中卖盘已基本上消耗殆尽，后市看好该股的买盘更多，开启一次较大幅度的上升行情。某一日拉出一根天量大阳线并且突破形态的颈线（或者在颈线附近盘整一段时间，之后以天量大阳线突破颈线），行情就此一路走高，整个头肩底形态宣告成立。

（3）头肩底形态的三点研判特征。

研判特征①：头肩底形态以下跌走势开始，以天量大阳线突破颈线且后市股价持续上涨，远离颈线，宣告"标准且有效力"的形态确立；形态第一次突破颈线后，市场习惯于反扑，多数情况下是不破颈线的，偶尔回踩过颈线属于正常情况，但回踩时成交量应较小。

研判特征②：头肩底的形成时间一般为3～4个月。这是研判"标准且有效力"头肩底形态的重要依据。

研判特征③：头肩底形态的成交量特征是头部＜左肩（略小）；峰点 1 ＜峰点 2；"左肩—峰点 1"＜"头部—峰点 2"；"峰点 2—右肩"成交量较小；天量大阳线突破颈线，形态才可成立。

（4）头肩底形态中两个可靠买点信号。

买点①："右肩"形成时出现可靠的探底 K 线买入信号。

买点②：从"右肩"开始第三次触底反弹，某一天以天量大阳线突破颈线且上涨大势已定。

（5）找到"标准且有效力"的头肩底。

投资者利用头肩底形态找买点，首先应研判当前形态是否为"标准且有效力"的头肩底。确定标准且有效力的头肩底，在形态的两个可靠买点处建仓，即能抓住不小的上涨行情所带来的利润。

下面我们结合实战案例，告诉投资者如何正确识别"标准且有效力"的头肩底，从中找到稳妥的买点。

2. 实例一：新民科技（002127）

新民科技（002127，现为南极电商），2009 年 6 月下旬周 K 线处于 25%～33% 的历史价格空间，股价在 6 月 22 日由于除权送现金，自动回探 25% 历史价格线（除权后的行情在不复权的盘面上可按照阶段底部分析），进入历史支撑区间，此时应注意观察日 K 线上是否有可靠买点信号出现。

（1）利用探底 K 线研判头肩底形态中的买点信号。

如图 3-28 所示，2009 年 6 月 22 日（除权日）之后开始观察日 K 线走势，在随后将近 4 个月的时间，发现一个可靠的探底 K 线买点信号：8 月 19 日（头部）创下阶段性新低，随后出现"底部红三兵"，单日阴线回探不过红三兵最低点，8月26日（第一个上箭头处）再拉大阳线，当日可考虑建仓。

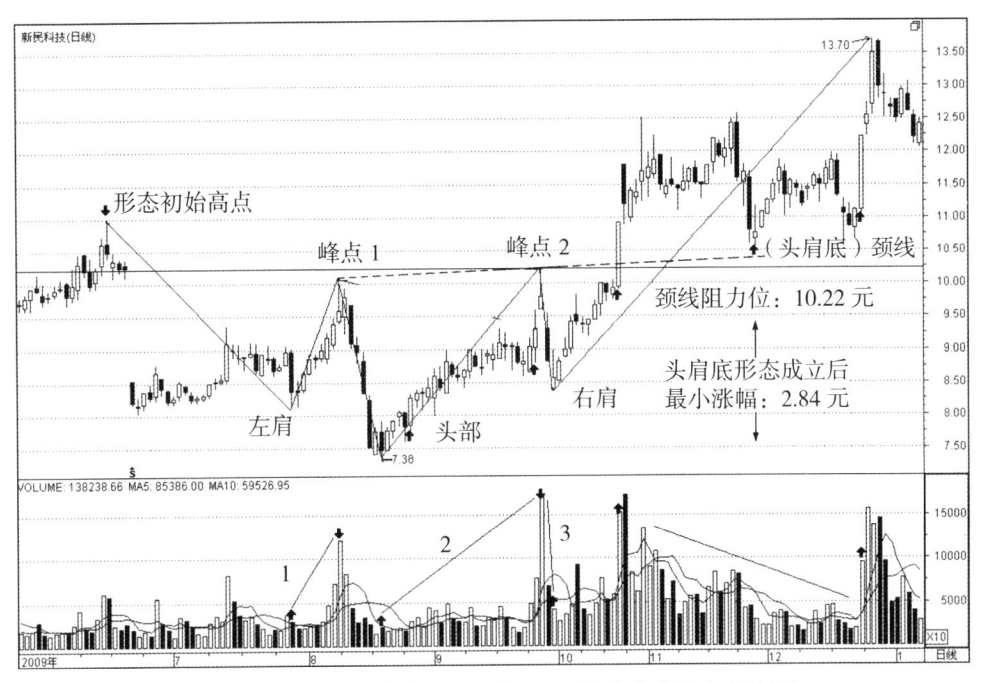

图3-28 新民科技（002127）日K线头肩底买点示意图

（2）确定头肩底形态是否"标准且有效力"。

接下来从形态入手找买点。如图3-28所示，2009年6—12月的走势是疑似头肩底形态，形态的起止时间是2009年6月16日（阶段性下跌的初始高点）至12月24日（第四个上箭头处，当天出现成交量9万手、接近涨停的大阳线，股价远离颈线上行，宣告头肩底形态完成），历时6个月。

利用炒股软件中的画图工具，将盘面调节到合适的比例，依次将6根形态走势线、颈线、颈线阻力位、形态最低点、最小涨幅区间及数值、两个峰点、左肩、头部、右肩、形态初始高点在日K线图上绘制并标注。

需要注意的是，头肩底与双重底最大的区别是多了一个底和一个顶，因此在颈线、颈线阻力位的画法上有所不同。

头肩底的颈线是"峰点1"与"峰点2"之间的连线，与形态第三次触底反弹的某根日K线相交，这根日K线就是"颈线突破线"，图3-28中是10月23日高开、接近涨停、只有较短下影线的大阳线（第三个上箭头处）。

头肩底的颈线阻力位是最高的峰点所形成的水平价格线，也是形态的高点线。它与形态最低点的价格差，就是形态完全确立以后，突破颈线阻力位之后的最小涨幅，也是研判头肩底形态是否"标准且有效力"的重要指标。

假如该股以天量大阳线强力突破颈线，一两周之内无法实现最小涨幅，意味着此形态不是"标准且有效力"的头肩底，未来的上涨空间十分有限。

头肩底的下降趋势线是"形态初始高点"与"峰点1"之间的连线，在研判买点时我们将不在图中画出这根线，为什么呢？还是看图3-28来分析，2009年9月25日收出一根螺旋桨中阳线，此K线突破形态的下降趋势线，在许多技术派眼中这似乎是一个理想的买点，但是9月28日（下一交易日）出现跳空高开的"射击之星"阳线，股价迅速在9月30日形成右肩。

从股价突破下降趋势线到右肩形成只用了4个交易日，这在头肩底形态中是比较罕见的，主力洗盘的动机较为明显。对投资者而言，由于时间太短、变化太大，这一潜在的买点很难把握住。

在头肩底形态成立的基础上，将突破下降趋势线当天作为买点之一是没有太大问题的，无非是短时间浅套。但是，如果形态不是头肩底怎么办？实战中通常是在一边研判形态是否符合，一边伺机寻找形态买点，在形态尚未确认又注定挨套的形势下建仓，风险是相当大的。对投资者而言，买点的稳妥和安全永远是第一位，因此头肩底（包括三重底）突破下降趋势线后的潜在买点，将不列为本模型的可靠买点。

（3）从成交量判断头肩底形态是否"标准且有效力"。

下面根据成交量研判形态是否"标准且有效力"。就头肩底形态而言，需要从 5 个成交量的具体环节入手。

头部＜左肩（略小）：图 3-28 成交量窗口第一个上箭头为左肩成交量，28000 手；第二个上箭头为头部成交量，21000 手。"头部"成交量略小于"左肩"，符合要求。

峰点 1 ＜峰点 2：成交量窗口第一个下箭头为"峰点 1"成交量，12 万手；第二个下箭头为"峰点 2"成交量，17 万手。"峰点 1"成交量小于"峰点 2"，符合要求。

左肩—峰点 1 ＜头部—峰点 2：成交量窗口，"1"为"左肩"至"峰点 1"的成交量走势；"2"为"头部"至"峰点 2"的成交量走势。"1"小于"2"，符合要求。

"峰点 2—右肩"成交量较小：成交量窗口，"3"为"峰点 2"至"右肩"的成交量走势，平均 9 万手，在整个形态中相对较高，这一条不符合要求。

大阳线突破颈线当天必须伴随天量：成交量窗口第四个上箭头处，前一周平均成交量 6 万手，当天成交量暴涨至 15 万手，堪称"天量"，并且当天拉出一根标准的大阳线，符合要求。

综合分析，单从成交量角度研判，该形态 80% 符合"标准且有效力"的头肩底要求。

（4）研判头肩底形态中两个可靠买点。

下面具体分析该股在 2009 年 6—12 月的走势。在周 K 线跌入支撑区间后，应观察日 K 线是否出现可靠的买点信号。在形态的"头部"出现以后，开始研判此形态。鉴于"两个低点形成时间不到一个月""第二次触底反弹过程中成交量无显著变化""股价从峰点 2 回跌较深",此形态显然不是双重底,很可能是头肩底或三重底。

由于"头部"探底比"左肩"深(有超过 1 元钱的差价),暂且按头肩底形态研判。从"头部"反弹开始,一边确认形态是否"标准且有效力",一边找出两个可靠的买点信号。

"右肩"是形态的第一个买点,结合探底 K 线买入信号分析,当天是倒锤子线,不属于探底 K 线类型。右肩之后的 3 天走势是疑似红三兵,综合分析不太可靠,应继续观察后市。

形态的第二个买点在颈线附近。如图 3-28 所示,股价在 10 月 23 日以天量大阳线强势突破颈线(第三个上箭头处),一周之内股价蹿升至 12.50 元,随后开始盘整。此形态属于偏弱的头肩底走势,后市将在颈线之上缓慢盘整,有可能偶尔回探颈线。只要这段"磨颈线"行情成交量是逐渐减小的,头肩底形态依然成立。

在这里,涉及形态里一个候选的可靠买点:只要股价保持在颈线之上盘整、形态有效,某一天只要以较大成交量拉出大阳线(12 月 24 日,第五个上箭头处),就是此形态最后的买点,股价至少会实现最小涨幅(超过 13.60 元)。

3. 实例二:国投新集(601918)

国投新集(601918,现为新集能源),2010 年 4 月下旬周 K 线即将跌入 33%~50% 的历史价格空间,是值得关注的交易品种。2010 年 5 月 4—7 日这一周,周 K 线跌入历史支撑区间,此时应观察日 K 线是否有可靠买点信号出现。

（1）利用探底 K 线研判头肩底形态中的买点信号。

如图 3-29 所示，2010 年 5 月 4 日起开始观察日 K 线走势，随后 4 个月时间里没有发现一个可靠的探底 K 线买点信号出现（探底锤子线、探底十字线或 T 字线、底部红三兵或三武士皆无）。

图 3-29　国投新集（601918）日 K 线头肩底买点示意图（一）

（2）确定头肩底形态是否"标准且有效力"。

下面从形态入手找买点。如图 3-29 所示，2010 年 4—10 月的走势是时间周期较长的疑似头肩底，形态起止时间是 2010 年 4 月 6 日（阶段性下跌的初始高点）至 10 月 11 日（从右侧数的第一个上箭头处，当天收出成交量 54 万手的涨停大阳线，股价远离颈线上行，宣告头肩底形态完成），历时 6 个月。

利用炒股软件中的画图工具，将盘面调节到合适的比例，依次将 6 根形态走势线、颈线、颈线阻力位、形态最低点、最小涨幅区间及数值、两个峰点、左肩、头部、右肩、形态初始高点在日K线图上绘制并标出。

该股这一段走势有明显的特点，就是"左肩"至"峰点1"的走势，有一段较长的盘整，在图形上不容易确定。在这里告诉大家一个识别的窍门：将距离"头部"最近的下跌低点作为"左肩"，相应的"峰点1"也就确定了；将距离"头部"最近的第二次反弹高点作为"峰点2"，那么相应的"右肩"也可确定。

（3）从成交量判断头肩底形态是否"标准且有效力"。

下面根据成交量指标，研判此形态是否是"标准且有效力"的头肩底，主要还是从五点入手。

头部＜左肩（略小）：图3-29成交量窗口第一个上箭头为"左肩"成交量，39000手；第二个上箭头为"头部"成交量，30000手。"头部"成交量略小于"左肩"，符合要求。

峰点1＜峰点2：成交量窗口第一个下箭头为"峰点1"成交量，47000手；第二个下箭头为"峰点2"成交量，12万手。"峰点1"成交量小于"峰点2"，符合形态要求。

左肩—峰点1＜头部—峰点2：成交量窗口，"1"为"左肩"至"峰点1"的成交量走势；"2"为"头部"至"峰点2"的成交量走势。"1"小于"2"，符合要求。

"峰点2—右肩"成交量较小：成交量窗口，"3"为"峰点2"至"右肩"的成交量走势，平均6万手，在整个形态中量能不高，符合要求。

大阳线突破颈线当天必须伴随天量：成交量窗口第四个上箭头处，前一周平均成交量15万手，当天成交量暴涨至54万手，堪称"天量"，并且当天是标准的实体大阳线，符合要求。

综合分析，单从成交量研判，该形态 100% 符合头肩底的成交量要求。

（4）研判头肩底形态中的两个可靠买点。

具体分析该股 2010 年 4—10 月的走势。在周 K 线跌入支撑区间后，应观察日 K 线是否有可靠买点信号出现。鉴于"形态第二次反弹中成交量无较大变化""峰点 2 有明显回跌"，此形态显然不是双重底，很可能是头肩底或三重底。

由于"头部"探底比"左肩"深，暂且按照头肩底形态特征，从"头部"反弹开始，一边确认形态是"标准且有效力"的头肩底，一边找出两个可靠的买点信号。

"右肩"是形态的第一个买点，结合探底 K 线买点信号分析，当天不属于本书提到的三种探底 K 线类型。随后 3 天是疑似红三兵，但不太可靠，应继续观察后市。

形态第二个买点在颈线附近。股价在 7 月 19 日以涨幅 4% 的中阳线突破颈线（第一个上箭头处），当天成交量一般，表明随后即将开始一段"磨颈线"的盘整走势。此形态显然是弱势的头肩底（股价在左右肩附近盘整过多，也可佐证这一点），后市将在颈线之上缓慢盘整，有可能偶尔回探颈线。

投资者一边要看股价是否在颈线以上盘整、形态是否有效，一边要等待唯一的信号出现：某一天以较大成交量拉出大阳线。

4. 实例三：国投新集（601918）

依然是国投新集（601918）这只股票，该股 2010 年 11 月周 K 线跌入支撑区间，此时应在日 K 线寻找可靠的买点信号。

（1）利用探底K线研判头肩底形态中的买点信号。

如图3-30所示，2010年11月开始观察日K线走势，在随后4个月时间里没有发现一个可靠的探底K线买点信号出现。

图3-30　国投新集（601918）日K线头肩底买点示意图（二）

（2）确定头肩底形态是否"标准且有效力"。

下面从形态入手找买点。如图3-30所示，2010年11月至2011年4月的走势是时间周期较长的疑似头肩底，历时6个月。

利用炒股软件中的画图工具，将盘面调节到合适的比例，依次将6根形态走势线、颈线、颈线阻力位、形态最低点、最小涨幅区间及数值、两个峰点、左肩、头部、右肩、形态初始高点在日K线图上绘制并标出。

将距离"头部"最近的下跌低点作为"左肩"，相应的"峰点1"也就确定了；将距离"头部"最近的第二次反弹高点作为"峰点2"，那么相应的"右肩"也可确定。

（3）从成交量判断头肩底形态是否"标准且有效力"。

根据成交量研判此形态是否"标准且有效力"，从以下 5 点入手。

头部＜左肩（略小）：图 3-30 成交量窗口的第一个上箭头为"左肩"成交量，73000 手；第二个上箭头为"头部"成交量，26000 手。"头部"成交量明显小于"左肩"，不是略小，是否符合存疑。

峰点 1＜峰点 2：成交量窗口的第一个下箭头为"峰点 1"成交量，15 万手；第二个下箭头为"峰点 2"成交量，34 万手。"峰点 1"成交量小于"峰点 2"，符合要求。

左肩—峰点 1＜头部—峰点 2：成交量窗口，"1"为"左肩"至"峰点 1"的成交量走势；"2"为"头部"至"峰点 2"的成交量走势。"1"小于"2"，符合要求。

"峰点 2—右肩"成交量较小：成交量窗口，"3"为"峰点 2"至"右肩"的成交量走势，平均 17 万手，在整个形态成交量中处于高位，不符合要求。

大阳线突破颈线当天必须伴随天量：成交量窗口的第四个上箭头处，前一周平均成交量 10 万手，当天成交量暴涨至 30 万手，堪称"天量"，但鉴于当天只是涨幅 3% 的中阳线，是否符合存疑。

综合分析，单从成交量指标研判，此形态 60% 符合"标准且有效力"的头肩底要求。

（4）研判头肩底形态中的两个可靠买点。

具体分析该股在 2010 年 11 月至 2011 年 4 月的走势。鉴于"第二次反弹过程中成交量无较大变化""峰点 2 未突破峰点 1 反而回跌"，此形态显然不是双重底，很可能是头肩底或三重底。

"头部"探底比"左肩"深，暂且按照头肩底形态特征，从"头部"反弹开始，一边确认形态是否"标准且有效力"，一边找出两个可靠的买点。

股价在 2011 年 4 月 6 日突破颈线后，随后两天连续回踩颈线，这是非常不好的信号：通常情况下，股价突破颈线后不会很快回踩颈线。前面的两个头肩底案例，都没有回踩颈线。一旦突破颈线后马上回踩颈线，预示此头肩底形态不是"标准且有效力"的！

颈线的倾斜角度，对于头肩底的后市是很重要的。处于历史价格空间 25% 以下的头肩底，颈线向下倾斜角度越大，则探"大底"（历史低位）越深；适合本模型操作的历史价格空间 25%～50% 出现的头肩底，颈线向上倾斜角度越大越好，股价最好在颈线上磨来磨去。

该股这一段头肩底形态，颈线几乎是水平的，突破颈线后的股价果然也呈水平走势在颈线之上盘整，但屡次回踩跌破颈线显然不妙。4 月 20 日（第三个下箭头处）出现中阴线第三次跌破颈线，无疑宣告此头肩底形态不标准且没有效力，此时应放弃该股，转而考虑其他品种。果然，4 月 25 日收出一根跌幅 5% 的中阴线，宣告形态彻底破坏。

5. 实例四：华资实业（600191）

华资实业（600191），2009 年 8 月中旬周 K 线处于 25%～33% 的历史价格空间，股价正在回探 25% 历史价格线，是值得关注的交易品种。2009 年 8 月 10—14 日这一周，周 K 线跌入支撑区间，此时应观察日 K 线是否有可靠买点信号出现。

如图 3-31 所示，从形态入手分析，该股在 2009 年 8—12 月的走势有一个严重的问题："峰点 1"低于"峰点 2"较多（有 5 毛钱的差价），直接导致颈线与水平呈 45°角，即使蹿升再猛的股价也很难够到颈线。

形态整体看上去，更像是一个失败的双重底导致的疑似头肩底。投资者在研判头肩底形态时，应先从直观感觉判断该底部形态是否成立，再去查看相应的数据，这样也可节省大量的时间。

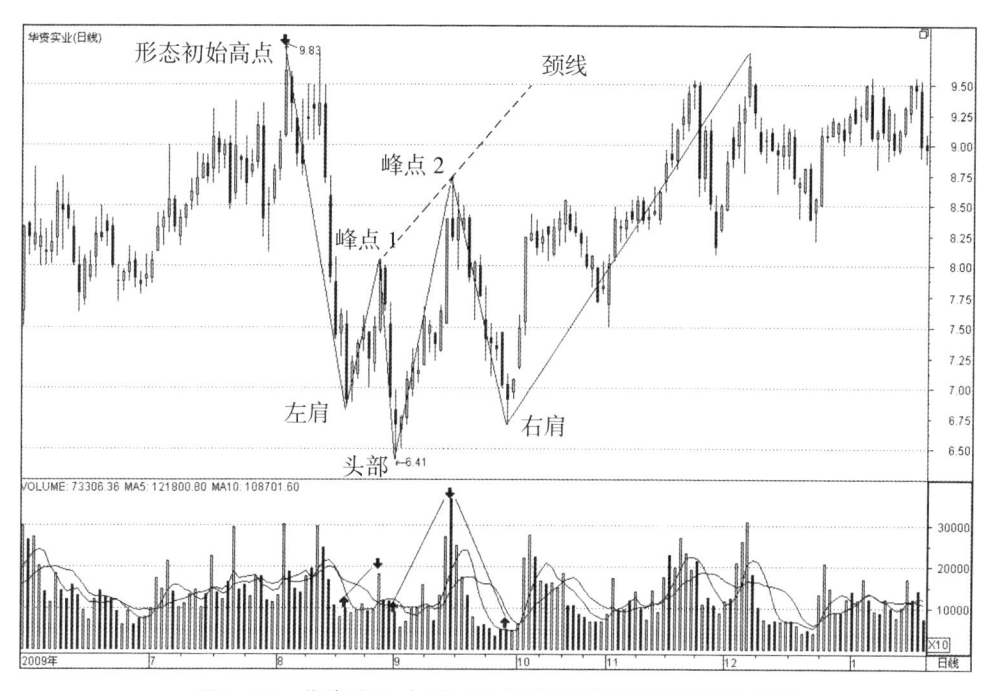

图 3-31　华资实业（600191）日 K 线头肩底买点示意图

七、经典底部形态买入法——三重底的两处买点

1. 技术要点及两处买点

三重底与头肩底就像孪生兄弟一样，区别在于其中的一个"头"比较低（头肩底的头部探底较深，三重底的三个低点几乎在同一价格支撑位附近）。三重底可视为"头部低于左肩、右肩不多的头肩底形态"，如图 3-32 所示。

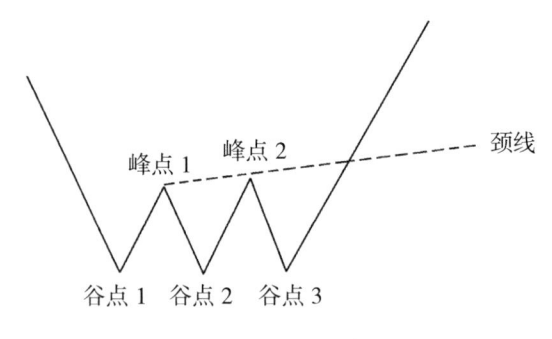

图 3-32　三重底

投资者通过形态找买点，一旦发现疑似三个底的底部形态，无须深究此形态究竟是头肩底还是三重底（两种形态在主要的量价特征上几乎是相同的），只需研判此形态是否"标准且有效力"即可。当然，作为投资者必须学习的重要形态之一，依然有必要简单了解一下三重底的基本特点。

三重底的形态走势为：股价在阶段性底部进行一段时间的整理，在三次触底反弹的过程中积累不小的上涨能量，最终以天量大阳线突破"颈线"（三重底形态中期两个峰点之间的连线），开始一波上升行情。股价在此形态中的走势很像三个连续的"V"字形，三个低点称为"谷点1""谷点2""谷点3"，整个形态称为"三重底"。

（1）三重底形态的基本特征。

三重底形态有三个低点（谷点1、谷点2、谷点3）和两个高点（峰点1、峰点2）。

三重底的"峰点1"与"峰点2"可能持平，但多数时候"峰点1"略高或略低于"峰点2"。相应的，颈线也呈向上或向下倾斜。"峰点1"若是低于"峰点2"，意味着颈线倾斜向上，形态较为强势，成立后上涨的幅度较大。

若三重底形态完全成立，突破颈线后的最小涨幅应为形态最低点至颈线阻力位的价格差。通常情况下，突破颈线后的涨幅会超过最小涨幅。

（2）三重底走势的六个阶段。

阶段①：股价由形态初始高位开始下跌，跌至某一强有力的支撑位出现技术性反弹（部分胆大的短线股民逢低吸纳，高抛低吸的股民也部分回补），形成形态第一个低点（谷点1）。

阶段②：股价在"谷点1"得到买盘支持开始反弹，反弹至一个强有力的阻力位，形成形态的第一个高点（峰点1）。

阶段③：股价从"峰点1"开始回跌（前期的短线投机者及解套者纷纷卖出股票），跌幅较深（获利盘的打压比较大），跌破"谷点1"的支撑位，形成第二个低点（谷点2）。这是三重底区别于头肩底的走势阶段，形态第二次探底的深浅取决于投资者前期套牢的程度以及对后市利好或利空的预期。如果投资者在熊市行情中套牢较深，在这一阶段解套或割肉的情况将比较多。

阶段④：股价在"谷点2"获得强大抄底盘支撑（短线股民开始回补），市场上卖盘压力不大，出现第二次反弹，形成形态的第二个高点（峰点2）。

阶段⑤：股价在"峰点2"遭遇获利性抛盘，再次回跌，跌至"谷点2"支撑位附近，形成形态的第三个低点（谷点3）。

阶段⑥：股价行至"谷点3"附近，场中卖盘已基本消耗殆尽，后市看好该股的买盘更多，愈来愈多的股民跟进买入，开始一次较大幅度的升势。某一天拉出一根天量大阳线突破形态的颈线（或者在颈线附近盘整一段时间，之后以天量大阳线完成形态突破），行情就此一路走高，三重底形态宣告正式成立。

（3）三重底形态的三点研判特征。

研判特征①：三重底形态以下跌走势开始，以天量大阳线突破颈线，且后市股价持续上涨，远离颈线，宣告"标准且有效力"的形态成立。形态第一次突破颈线后，市场习惯于反扑，多数情况下是不破颈线的，偶尔回踩破颈线也属正常情况，但回踩时成交量应较小。

研判特征②：三重底的形成时间一般为3~4个月。这是研判"标准且有效力"的三重底形态的重要依据。

研判特征③：三重底形态的成交量特征是谷点2＜谷点1（略小）；峰点1＜峰点2；"谷点1—峰点1"＜"谷点2—峰点2"；"峰点2—谷点3"的成交量较小；天量大阳线突破颈线，整个形态才得以确立。

（4）三重底形态中两个可靠买点信号。

买点①："谷点3"形成时出现可靠的探底K线买入信号。

买点②：第三次触底反弹的过程中，某一天出现天量大阳线突破颈线且上涨大势已定。

买点③：在三重底形态中，第一处买点（谷点3）若符合则最为理想，第二处买点最易识别。投资者在实战中应当多观察和熟悉三重底，只有对形态研判烂熟于心，才能跟踪行情时做到"确认形态与找买点两不误"。

（5）找到"标准且有效力"的三重底。

投资者利用三重底形态找买点，应研判当前疑似形态是否是"标准且有效力"的三重底。确认"标准且有效力"的三重底，找到形态中的两个可靠买点，即能收获不小的上涨行情所带来的利润。

下面结合实战案例，告诉投资者如何识别"标准且有效力"的三重底形态，从中找到稳妥的买点。

2. 实例一：潍柴重机（000880）

潍柴重机，2009 年 8 月初周 K 线处于 33%～50% 的历史价格空间，股价处于回探 33% 历史价格线的下跌走势，是值得关注的交易品种。2009 年 8 月 10—14 日这一周，周 K 线跌入支撑区间，此时应注意观察日 K 线是否有可靠买点信号出现。

（1）利用探底 K 线研判三重底形态中的买点信号。

如图 3-33 所示，2009 年 8 月 10 日起观察日 K 线走势，在随后将近 3 个月的时间里没有发现一个可靠的探底 K 线买点信号出现（探底锤子线、探底十字线或 T 字线、底部红三兵或三武士皆无）。

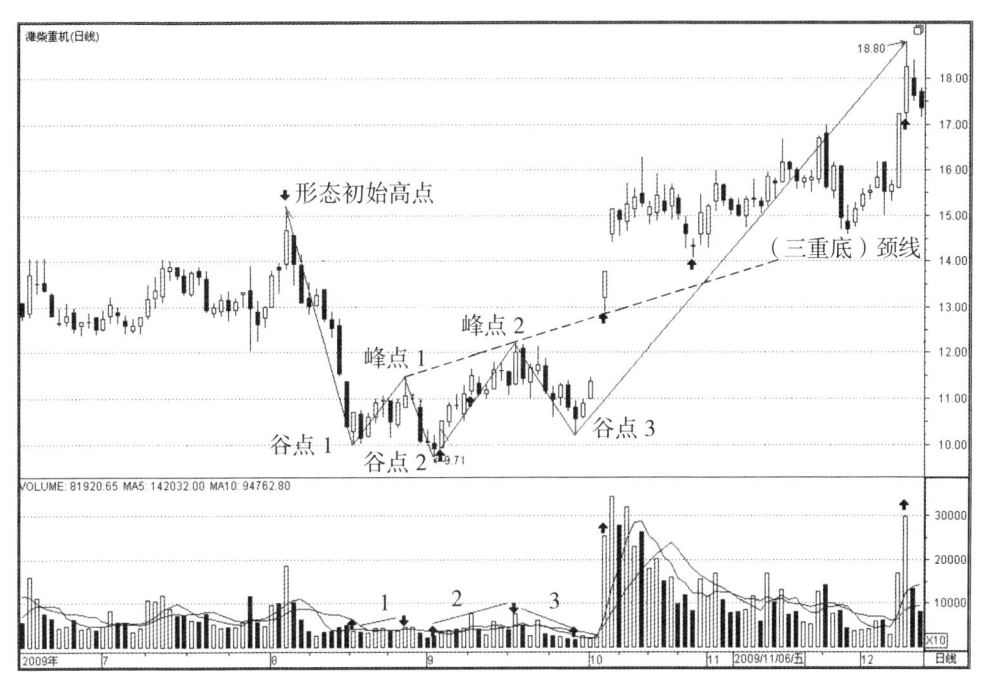

图 3-33　潍柴重机（000880）日 K 线三重底买点示意图

（2）确定三重底形态是否"标准且有效力"。

如图 3-33 所示，2009 年 8—12 月的走势是疑似三重底，形态起止时间是 2009 年 8 月 5 日（阶段性下跌的初始高点）至 12 月 9 日（第三个上箭头处，股价在颈线之上盘整多日后，当天再次拉出天量大阳线，远离颈线继续上行，宣告"标准且有效力"的三重底形态成立），历时 4 个月。

形态的三个低点："谷点 1"是 10.01 元（当日最低价），"谷点 2"是 9.71 元（当日最低价），"谷点 3"是 10.21 元（当日最低价），都处于 10 元附近，相互差价不超过 5 毛钱，是典型的三重底特征。

利用炒股软件中的画图工具，将盘面调节到合适的比例，依次将 6 根形态走势线、颈线、颈线阻力位、形态最低点、最小涨幅区间及数值、两个峰点、三个谷点、形态初始高点在日 K 线图上绘制并标出。

三重底的颈线是"峰点 1"与"峰点 2"之间的连线，与形态第三次反弹的某根日 K 线相交，这根日 K 线就是"颈线突破线"，图 3-33 中是 10 月 13 日跳空高开、接近涨停、只有下影线的中阳线（第三个上箭头处）。

三重底的颈线阻力位是最高的峰点所形成的水平价格线，也是形态的高点线。它与形态最低点的价格差，就是形态完全确立后，第三次反弹突破颈线阻力位后的最小涨幅，也是研判三重底形态是否"标准且有效力"的重要指标。假如第三次触底反弹以天量大阳线强力突破颈线，一两周内无法实现最小涨幅，意味着此三重底不够"标准且有效力"，未来的上涨空间有限。

（3）从成交量判断三重底形态是否"标准且有效力"。

根据成交量研判此形态是否是"标准且有效力"的三重底，应从以下五点入手。

谷点 2 < 谷点 1（略小）：图 3-33 成交量窗口的第一个上箭头为"谷点 1"的成交量，36000 手；第二个上箭头为"谷点 2"的成交量，25000 手。"谷点 2"的成交量略小于"谷点 1"，符合要求。

峰点 1 < 峰点 2：成交量窗口，第一个下箭头为"峰点 1"成交量，42000 手；第二个下箭头为"峰点 2"成交量，75000 手。"峰点 1"成交量略小于"峰点 2"，符合要求。

谷点 1—峰点 1 < 谷点 2—峰点 2：成交量窗口，"1"为"谷点 1"至"峰点 1"的成交量走势；"2"为"谷点 2"至"峰点 2"的成交量走势。"1"小于"2"，符合要求。

"峰点 2—谷点 3"成交量较小：成交量窗口，"3"为"峰点 2"至"谷点 3"的成交量走势，平均有 40000 手，在整个形态中相对不高，符合要求。

大阳线突破颈线当天必须伴随天量：成交量窗口的第四个上箭头处，当天收出只有下影线、实体涨幅 6% 的大阳线，前一周的平均成交量 2 万手，成交量暴涨至 25 万手，整整翻了 10 倍，堪称"天量"。

综合分析，单从成交量指标研判，此形态 100% 符合"标准且有效力"的三重底要求。

（4）研判三重底形态中两个可靠买点。

下面具体分析该股在 2009 年 8—12 月的走势。在周 K 线跌入支撑区间后，观察日 K 线是否出现买点信号。鉴于"形态前两个低点形成时间不到一个月""反弹过程中的成交量无明显变化""股价从峰点 2 回跌较深"，此形态显然不是双重底，很可能是三重底或头肩底。

由于"谷点 2"探底不深，暂且按照三重底形态特征，从"谷点 2"反弹开始，一边确认形态是否"标准且有效力"的三重底，一边找出两个可靠的买点信号。

"谷点3"的出现（9月29日）是第一个买点，结合探底K线买入信号分析，当天的阴线由于下影线较短，连锤子线都谈不上，应继续观察后市。

第二个稳妥的买点在颈线附近。此案例是强势的三重底形态，第三次触底反弹直接以天量大阳线强势突破颈线。有鉴于该形态如此强势，在突破颈线当天可以考虑建仓。

当然，"磨颈线"的过程是免不了的，由于三重底的颈线多是向上或向下倾斜，股价自然会在颈线附近盘整一阵再继续冲高。颈线如果倾斜向上，天量大阳线强势突破颈线后的第一次回踩至关重要，只要不破颈线且距离较远，后市行情将一路走高；颈线倾斜向下的情况也是如此。

如图3-33所示，股价在天量大阳线强势突破颈线后（第三个上箭头处），不到3天就实现了形态最小涨幅，第一次回踩的最低点是14.10元（10月29日，第四个上箭头处），距离当天的颈线价格（13.50元）有6毛钱的差价，随后价格持续走高，直到12月9日（第五个上箭头处）又以天量大阳线创下18.80元的新高，"标准且有效力"的三重底形态宣告成立。

3. 实例二：金宇集团（600201）

金宇集团（600201，现为生物股份），2009年8月初周K线跌入支撑区间，此时应观察日K线是否有可靠的买点信号出现。

如图3-34所示，单从形态上分析，此形态疑似三重底，形态致命伤是"峰点1"低于"峰点2"较多（5毛钱的差价），直接导致颈线角度偏大，即便11月2日突破颈线，也是强弩之末，股价一路跌破颈线下行。此形态显然不是"标准且有效力"的三重底。一旦形态不可靠，形态中的买点也是不可靠的。

通过对处于25%～50%历史价格空间的双重底、头肩底和三重底的形态及买点研判，我们不难得出以下结论。

①通过形态本身找买点,最可靠的信号是天量大阳线突破底部形态的颈线当天。

②探底K线的买点信号如果不明确,通常股票会走出规范的底部形态,通过底部形态找买点很可能会有收获。

③相对于探底K线买点信号的"按图索骥",底部形态买点信号研判难度较大,需要投资者缜密判断和分析。

④股价处于25%~50%历史价格空间,双重底更适合投资者研判和找买点。

⑤ 正确研判形态,对于投资者是非常必要的,不局限于确定买点,而是对股票的走势有直观清晰的认知,一定要作为必修功课吃透。

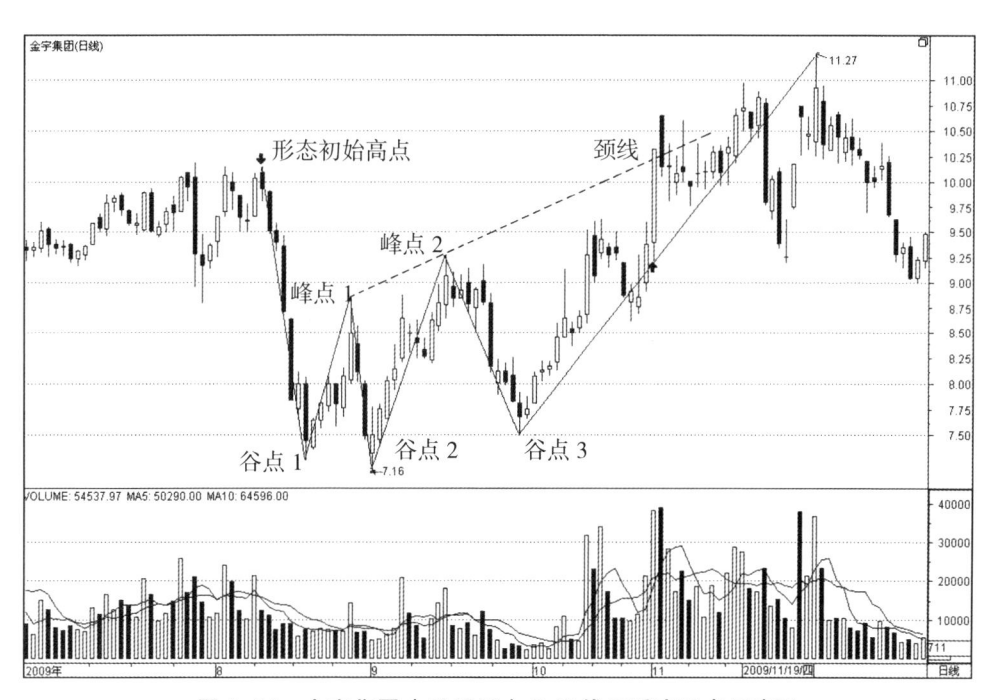

图3-34 金宇集团(600201)日K线三重底买点示意图

八、技术指标买入法——MACD 柱状线与价格走势背离

1. 技术要点

（1）详解 MACD 指标常规研判买卖点信号。

在软件中，MACD 指标由 BAR 柱状线、DIFF 均线和 DEA 均线构成。

柱状线（BAR）是有颜色的：低于 0 轴以下（负值）为绿色柱；高于 0 轴以上（正值）是红色柱。前者代表趋势较弱，后者代表趋势较强，每个柱状体均与股票盘面上的 K 线一一对应。当红色柱由短变长或者由红变绿，为可能的卖出信号；当绿色柱由长变短或者由绿变红，为可能的买入信号。

MACD 指标有两条特殊的均线，白色的是 DIFF 线，黄色的是 DEA 线。当 DIFF 线、DEA 线均为正值且 DIFF 线向上突破 DEA 线（金叉），为可能的买入信号；当 DIFF 线、DEA 线均为负值且 DIFF 线向下跌破 DEA 线（死叉），为可能的卖出信号。这跟双均线（MA）的后市研判方法很相似。

MACD 指标主要确认"股票的中期涨势或跌势及短期反转点"，非常适合研判本模型（中线交易）的买入点，其常规研判信号还包括如下几项。

①持续的牛市行情，正值的 DIFF 线通常会越走越高；持续的熊市时，负值的 DIFF 线通常会越走越低。

②当 DEA 线与 K 线发生背离，行情可能出现反转。

③ DIFF 线与 BAR 柱状线均为正值，大势属于多头市场；DIFF 线与 BAR 柱状线均为负值，大势属于空头市场。

④ DIFF 线与 BAR 柱状线高度背离，可视为行情回挡，但不能完全确定为空头市场的开始。

K 线走势与 BAR 柱状线出现背离且 DIFF 线二次上穿 DEA 线（二次金

叉），即是可靠的买入信号（这也是本模型利用 MACD 研判买点信号的主要依据）（见图 3-35）。

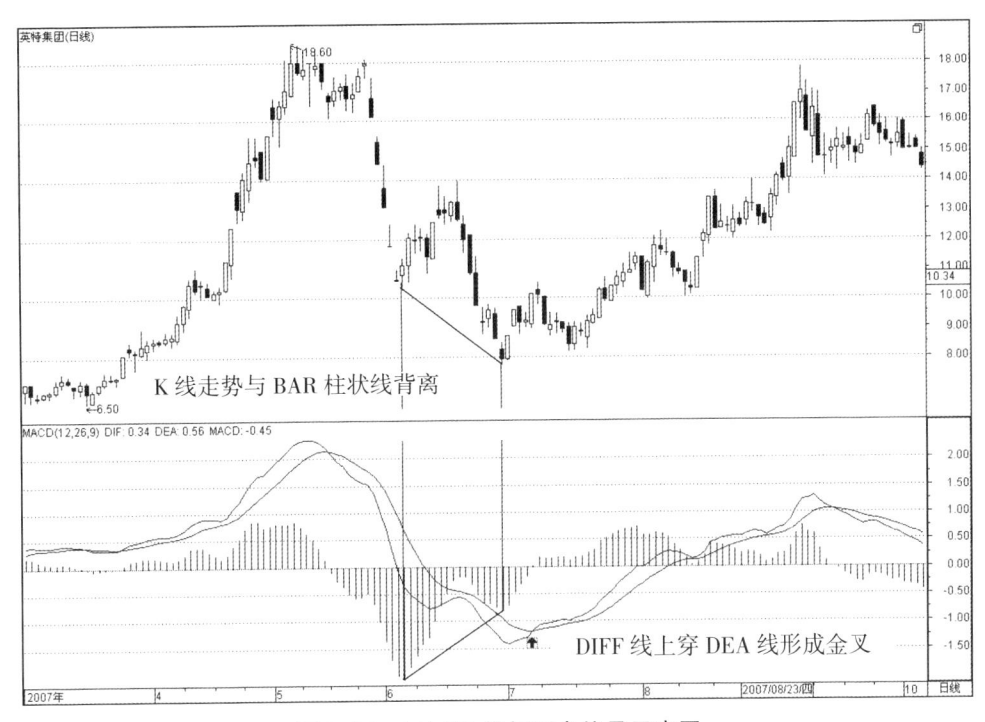

图 3-35　MACD 指标买点信号示意图

（2）MACD 指标研判买点的局限性

前面提到过，每一种 K 线、形态、指标，都有其先天的局限性，不可能百分百完全正确地预测后市，投资者需要在了解它们并且加深理解的基础上，综合利用这些技术分析工具，找出可靠性较高、后市上涨概率较大的买点。

真正的赢家向来"只做大概率操作，不做小概率押宝"。尽管股市变化无穷，只要技术分析正确、概率估算正确，以十次中八的成功率正确操作，成绩必然好于十次中五的概率操作。

MACD 指标的局限性是：市场走势呈明确牛熊趋势时，该指标是最具有参考价值的；当股价走势呈不明确的盘整格局时（股价忽上忽下），其买卖点信号就相对不那么精确了。

投资者利用 MACD 指标寻找本模型中的买点，主要是利用"K 线走势与 BAR 柱状线的背离"来研判。下面我们列举实战案例加以分析。

2. 实例一：山西汾酒（600809）

山西汾酒（600809），2009 年 8 月周 K 线跌入历史支撑区间，此时应观察日 K 线是否出现可靠的买点信号。

（1）利用探底 K 线研判买点信号。

如图 3-36 所示，该股在 2009 年 8 月 10—14 日这一周接近支撑区间，此时应注意观察日 K 线走势。前面的案例我们曾研判过，该股在 2009 年 8 月 17 日出现的探底锤子线是比较可靠的买点信号（第一个上箭头处），接下来我们将利用 MACD 指标找出买点。

图 3-36　山西汾酒（600809）日 K 线 MACD 指标买点示意图

（2）买点信号：MACD柱状线与行情出现背离。

用MACD指标研判买点，主要看行情走势与MACD柱状线（BAR）走势是否出现背离，一旦出现背离，可靠的买点信号将会出现。

这里需要利用画图工具来清晰地画出图形上的背离。日K线的行情，用线段画出两个相邻低点的走势，如图3-36中8月17日（第一个上箭头）与9月2日（第二个上箭头）两根日K线的最低点连起来，形成向下的走势。

然后打开MACD的指标窗口，将这两根日K线所对应的BAR柱状线连起来，很明显BAR柱状线是呈向上的走势，与对应的日K线向下走势形成背离。

此时MACD指标研判的第一个可靠买点信号出现：在第二组柱状线（MACD窗口第二个上箭头所在的"柱状线组"，图形很像倒立的沙丘）由最大负值（9月2日，MACD值-0.76）开始变短的那一天（9月3日，日K线图第三个上箭头处），也就是在MACD指标与日K线行情确认背离、柱状线从0轴以下逐渐变短的那一天伺机建仓。当行情与BAR柱状线走势趋同，此段行情将不作为买点考虑。

（3）查看大盘走势及周K线支撑区间。

这是我们在研判买点过程中从未提到过的：利用探底K线、底部形态和技术指标研判出个股日K线的可靠买点信号，最后应确认"该股周K线行情是否已跌至历史价格空间20%以下""大盘是否也像个股一样呈现见底反弹的走势"。

周K线下跌行情若跌至历史价格空间20%以下，意味着股性进入不活跃状态，此时买点信号尽管可靠，但是股价反弹的空间和时间非常不确定，此时买入很可能"抄大底"，随后在历史股价底部区域长时间潜伏。尽管股价终究会反弹、逢牛市，但不好说这是一年还是三年以后的事，至少在一年周期内能否交易一次存疑。

2009年9月3日是利用"MACD柱状线与行情背离"研判出的一个买点。一旦建仓就要看周K线股价是否跌出支撑区间（见图3-37）。建仓后不宜多看日K线，否则很容易受股价的短期波动而影响情绪和判断力，相对而言周线行情准确性更高，更适合投资者建仓后观察。股价在33%历史价格线之上盘整，随后继续平稳上升。

图3-37　山西汾酒（600809）周K线支撑区间示意图

除了观察个股周K线是否跌破支撑区间，还应观察大盘的相应行情。本书在第一章曾提醒投资者"不管你炒什么股票，都要坚决跟着大盘走"。大盘上涨时，多数板块和个股都会上涨；大盘下跌时，多数板块和个股都会跟着下跌。即使有不少"逆大盘而动""大盘反向指标"的股票，中长期来看还是受大盘影响较大，不可能大盘一直在跌，某只个股还能连涨数月。

如图 3-38 所示，上证指数在 2009 年 8 月 17 日至 9 月 2 日是下跌走势，其日 K 线走势与 MACD 指标也出现背离，随后走出半个月的反弹行情。上证指数的走势，间接证明 MACD 指标研判出山西汾酒 9 月 2 日的买点信号是比较可靠的。

图 3-38　上证指数（999999）2009 年 9 月日 K 线走势图

单纯以"K 线、形态和指标"三样法宝去验证个股日 K 线的买点信号，以最可靠的点位建仓，正确的概率大约在七成以上；回看周 K 线支撑区间和大盘走势，正确的概率可提升为八九成，这样不仅买点抓得更准，一旦出现行情逆动情况，也可有准备地降低风险。

3. 实例二：巨轮股份（002031）

巨轮股份（002031，现为巨轮智能），2010 年 1 月周 K 线跌入支撑区间后，此时应在日 K 线观察是否有可靠买点信号。

（1）利用探底 K 线研判买点信号。

如图 3-39 所示，2010 年 1 月 18—22 日这一周，周 K 线跌入历史支撑区间，此时应观察日 K 线走势。前面我们曾利用探底 K 线研判过，2010 年 2 月 3 日的探底锤子阳线是比较可靠的买点（第一个上箭头处），接下来我们将利用 MACD 指标找出买点。

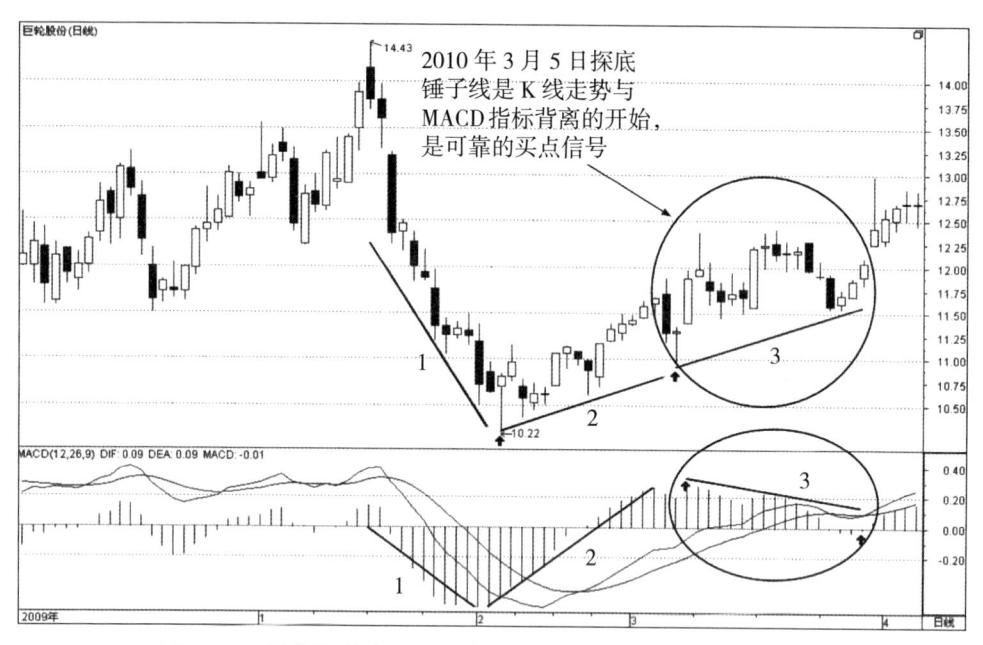

图 3-39　巨轮股份（002031）日 K 线 MACD 指标买点示意图

（2）买点信号：MACD 柱状线与行情背离。

根据行情走势及 MACD 柱状线的变化，将这一段行情划分为三段，如图 3-39 中的"1""2""3"所示。

第一段：1 月 18 日至 2 月 3 日是很明显的下跌行情，股价由 14.43 元跌至阶段性新低 10.22 元，MACD 柱状线也是一路走低，与行情未出现背离，此段行情没有买点信号。

第二段：2月3日至3月4日是股价触底反弹的一段平稳走势，随着股价的上升，MACD柱状线也从负值最高点逐渐走向正值的最高点，指标与行情未出现背离，这段行情也没有买点信号。

第三段：3月5日（第二个上箭头处）至3月末，股价依然延续上一段的平稳上升走势，MACD柱状线开始由正值变为负值，与行情走势出现背离。3月5日的探底锤子线恰好是背离的开始，是一个可靠的买点信号。股价在随后的半个月时间由12元涨到14元。

（3）查看大盘走势及周K线支撑区间。

该股日K线出现买点信号时，应观察周K线是否跌破历史支撑区间。如图3-40所示，该股周K线在2010年1月18—22日这一周跌入历史支撑区间。2010年2月1—5日这一周（第一个上箭头处）没有跌出历史支撑区间，行情随后出现反弹。

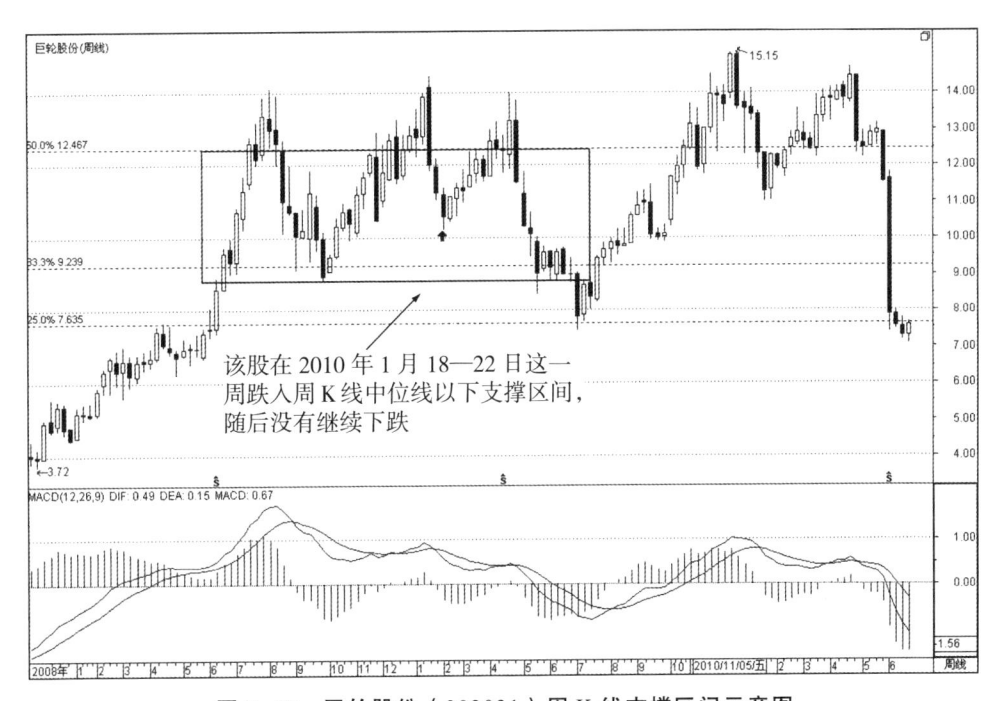

图3-40　巨轮股份（002031）周K线支撑区间示意图

如图 3-41 所示，深证成指在 2010 年 1 月 18 日至 3 月 30 日的行情与巨轮股份同期走势趋同，巨轮股份呈现平稳上升走势，大盘只是在 11800 点与 12600 点之间横盘整理，下行的可能性不小，若是此时在巨轮股份建仓，应结合大盘走势，密切关注后市动向。

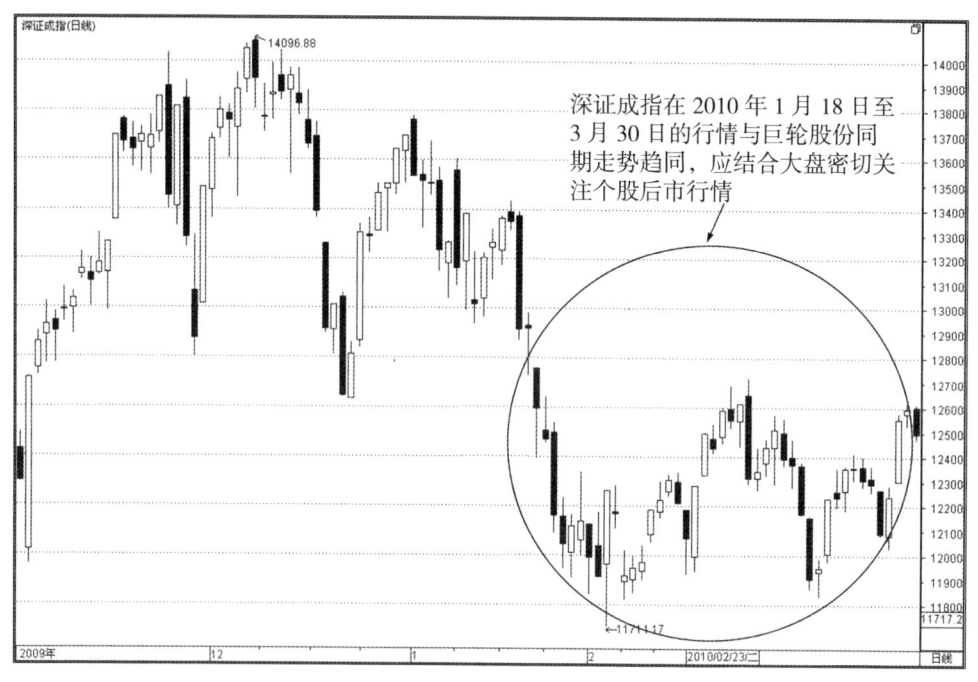

图 3-41　深证成指（399001）2010 年 1—3 月日 K 线走势图

4. 实例三：深振业 A（000006）

深振业 A（000006），2009 年 8 月周 K 线跌入历史支撑区间，此时应观察日 K 线是否有可靠买点信号。

（1）利用探底 K 线研判买点信号。

该股在 2009 年 8 月 17—21 日这一周跌入历史支撑区间，此时应观察日 K 线是否出现买点信号。前面我们曾经利用探底 K 线研判过，2009 年 9 月 2

日的探底螺旋桨线和 9 月 30 日是比较可靠的买点。

（2）买点信号：MACD 柱状线与行情背离。

从 8 月 17 日起观察，根据日 K 线行情走势与 MACD 柱状线的变化，将这一段行情划分为四段，如图 3-42 中的"1""2""3""4"所示。

图 3-42 深振业 A（000006）日 K 线 MACD 指标买点示意图

第一段：8 月 17 日至 9 月 2 日，行情短期回挡再下探见底，股价见 9.44 元新低。行情下行时，MACD 柱状线却由负值变为正值，与行情出现背离，此时可考虑在出现探底螺旋桨当天（9 月 2 日）建仓。

第二段：9 月 3—15 日是股价触底反弹后一段迅猛的上升走势。随着股价上升，MACD 柱状线从负值走向正值最高峰，指标与行情未出现背离，无可靠买点信号。

第三段：9 月 16—29 日，股价较上一段行情出现对称下跌走势，MACD

的柱状线由正值变为负值，与行情走势趋同，无可靠买点信号。

第四段：9月30日（第二个上箭头处）至10月23日，由于上一段走势未创新低，下跌趋势不成立，股价再次触底反弹，突破第二段走势高点，形成上涨趋势，后市将出现不小的上升行情。在一段走势中，10月13日（第三个上箭头）MACD指标出现"二次金叉"且行情上行，可考虑建仓。

（3）查看大盘走势及周K线支撑区间。

日K线出现可靠买点信号时，应观察周K线是否跌破支撑区间及大盘的相应行情。如图3-43所示，该股周K线中，2009年8月17—21日这一周跌至25%历史价格线以下的历史支撑区间，9月28—30日这一周（第一个上箭头处）止跌反弹，行情开始一路上升。

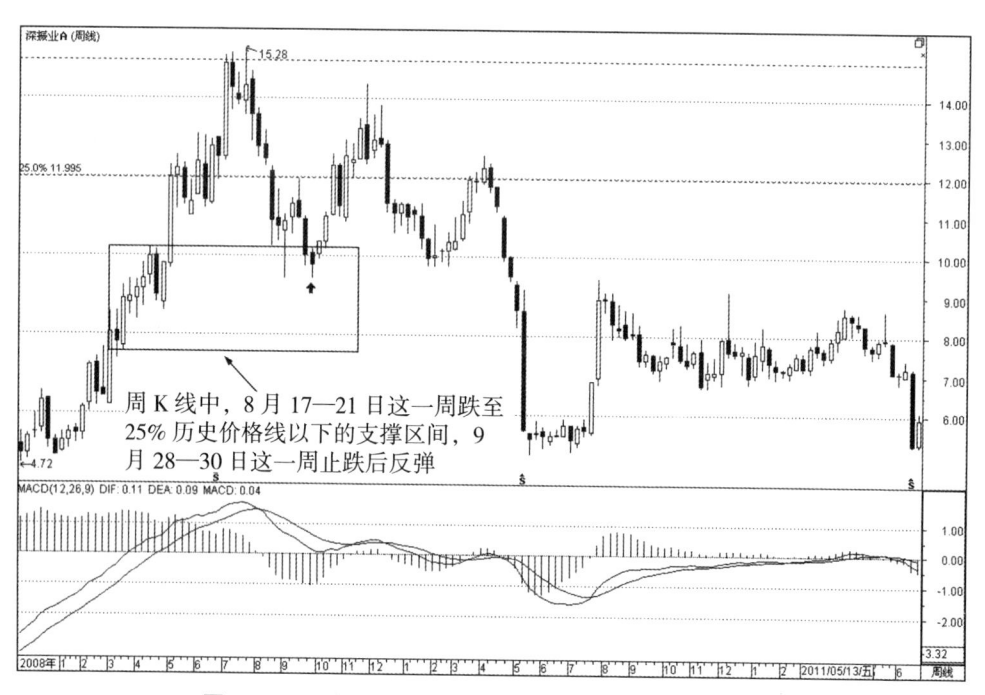

图3-43　深振业A（000006）周K线支撑区间示意图

如图3-44所示，深证成指2009年8月17日至10月23日的行情与深振业 A 的同期走势趋同（近乎完全一致）。大盘接下来的一段回挡很关键，若没有继续跌破上一段低点（10883 点），将走出不小的上涨行情。若已在深振业 A 建仓，应结合大盘走势，密切关注后市行情。

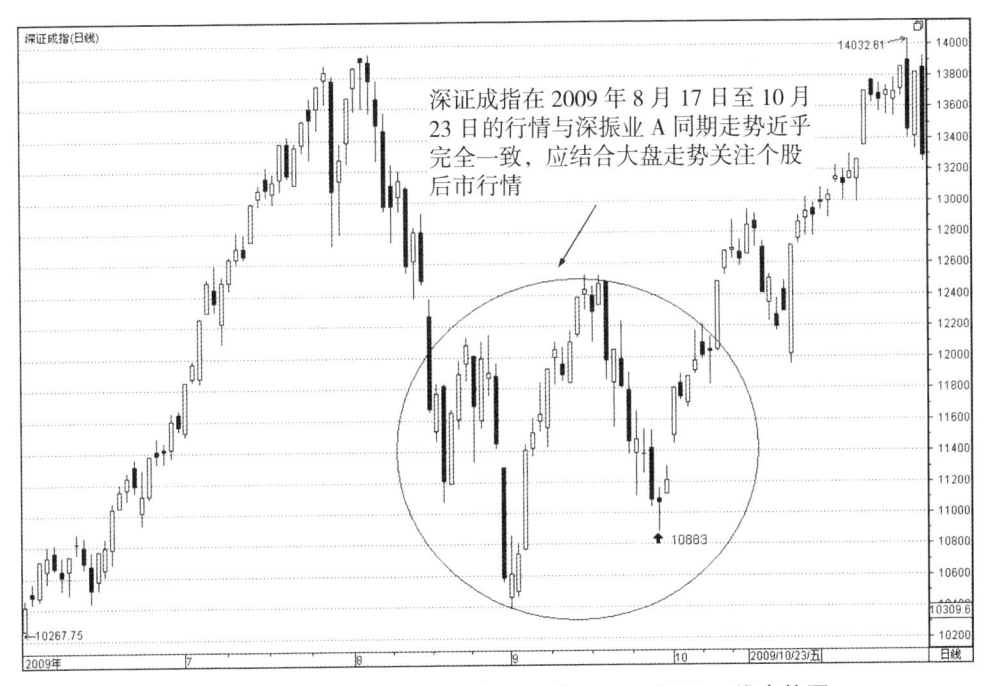

图 3-44　深证成指（399001）2009 年 8—10 月日 K 线走势图

通过对"MACD 柱状线与行情背离"研判买点的案例分析，不难看出如下几点。

①基本流程是股价跌入周 K 线支撑区间后的日 K 线走势可划分为几段；对比行情与 MACD 柱状线变化，找出其中背离的一段或几段；背离确认当天或随后一两日，即是可靠的买点信号。

②在出现背离之后，可找到 MACD 指标的"二次金叉"（DIFF 线第二次上穿 DEA 线），也是一个潜在的买点。相对而言，这一买点并不是绝对的底部低点，但行情很少会继续探底，大多会向上寻求突破，此买点是相对安全和稳妥的。

③通过 MACD 指标研判可靠的买点信号后，一定要"再看周 K 线和大盘"。观察周 K 线是否跌入历史支撑区间底部、是否有继续下跌的可能；大盘主要看与个股走势是趋同还是背离，后市利好或利空。

本小节只是将"探底 K 线买点信号"与"MACD 指标买点信号"结合分析，实战中还要结合"形态买点信号"及下面提到的"成交量底部量坑"分析。如果一个买点同时满足这四种分析方法，建仓就是安全和稳妥的了。

九、技术指标买入法——大盘及个股成交量同时出现底部量坑

1. 技术要点

成交量是股票价格的"孪生兄弟"，两者的变化可以说是彼此影响、互为因果的。日成交量的买卖盘变化，使股价的日 K 线形态及走势不断变化。技术派分析时常说的一个词是"量价"，抛开成交量单纯分析股价是孤立的技术分析，尽管有时会得出正确的结论，但远不如"量价"放在一起分析更为精确。

从股市心理学的角度分析，成交量是无数股民买入和卖出所形成的一种结果，是多空双方心理活动的真实反映。成交量越大意味着买卖双方的分歧越大。将钱钟书先生在《围城》中的一句话套用在股市中就是：站在个股之外的投资者拼命想买入个股赚取利润；已持有个股的投资者却想拼命卖出个股止损或将利润转化为盈利数字。

（1）如何利用大盘底部量坑找买点。

由于本书模型本身的实战性和可靠性，以及"只做稳妥中线交易"的思

路，因此成交量在模型中的主要作用是确定买点。

什么样的成交量可以预示适合本模型的买点信号出现呢？就是大盘处于长期探底行情，成交量由高变低，在某一天出现相对极低的底部量坑，此时可判定真正的阶段性底部出现。此时股价继续深跌的可能性较小，触底反弹的可能性较大。

大盘跌至底部出现量坑（历史成交量的低量）意味着什么呢？股价跌至这一天，盘中的买盘和卖盘都非常稀少，主力及场外的投资者都在观望、按兵不动，于是当天成交量异常小，即是技术派常说的"跌不动了"。大盘成交量是个股成交量之和，大盘"跌不动了"，绝大多数个股都会相应出现底部量坑，此时建仓应当是较为理想的。

（2）利用底部量坑找买点的基本流程。

①大盘（沪市）在周K线跌入支撑区间后，某一天在日K线出现底部量坑。

②从股票池中选出同一天出现底部量坑的交易品种，确定后可考虑建仓。

（3）利用底部量坑找买点的注意事项。

前面提到的利用"探底K线、底部形态和MACD指标找买点"，都是先分析个股走势，再看周K线是否跌出支撑区间及大盘行情，最后确定个股的买点。而利用"底部量坑找买点"则先要看大盘是否跌入周K线支撑区间，确定大盘在日K线某一天出现底部量坑，再从股票池中选中适宜的个股建仓。

大盘必须是在阶段性底部区间出现量坑，才能视为个股出现买点信号。"底部"和"量坑"是两个必要的条件：出现量坑但不是下跌底部的不考虑；跌至底部区间但未出现量坑或者量坑不明显也不考虑。

由于主力机构的存在，判断底部量坑时，既要看当日成交量，也要看当日成交额（确定当天有多少钱在股市里买卖流动，这一项对于研判量坑尤为重要）。

2. 实例一：飞亚达 A（000026）

2009 年 8 月，上证指数（999999）周 K 线跌入历史中线以下（见图 3-45），进入历史支撑区间，此时应观察上证指数的日 K 线是否出现底部量坑。

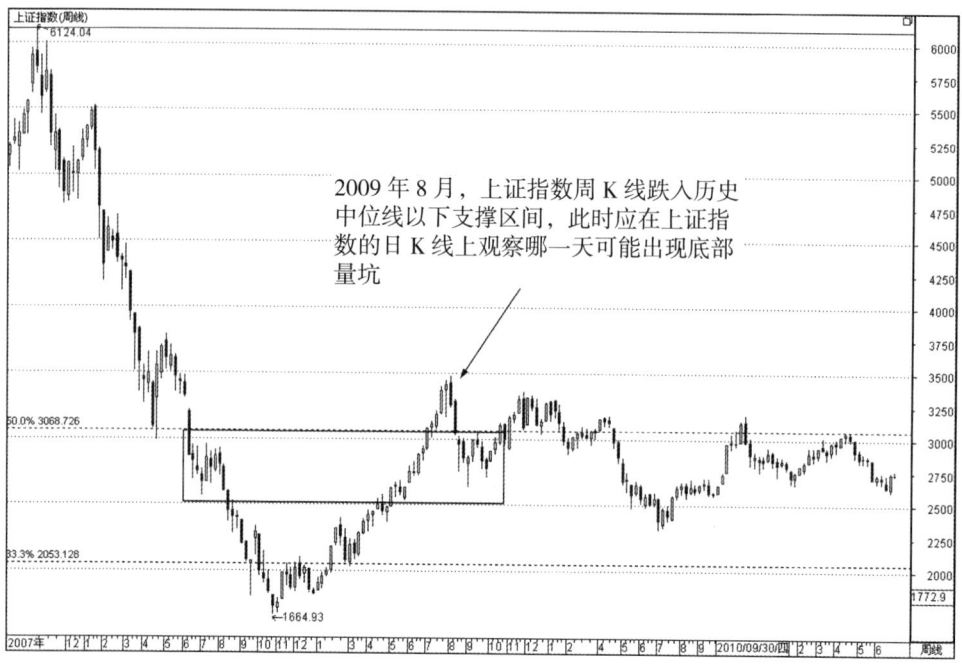

图 3-45　上证指数（999999）2009 年 8 月周 K 线支撑区间示意图

（1）确定大盘周 K 线跌入支撑区间，发现大盘日 K 线的底部量坑。

如图 3-46 所示，上证指数持续下跌，9 月 2 日出现底部量坑（前一交易日刚创下 2639 点的阶段性新低），当日成交量 1 亿手、成交额 913 亿元（低于 1000 亿元），与前一两周平均 1.5 亿手成交量、1300 亿元的成交额相比极低，在成交量一栏中呈现量坑形态。此时应查看股票池中已跌入周 K 线支撑区间的交易品种，找出同一天出现量坑的个股。

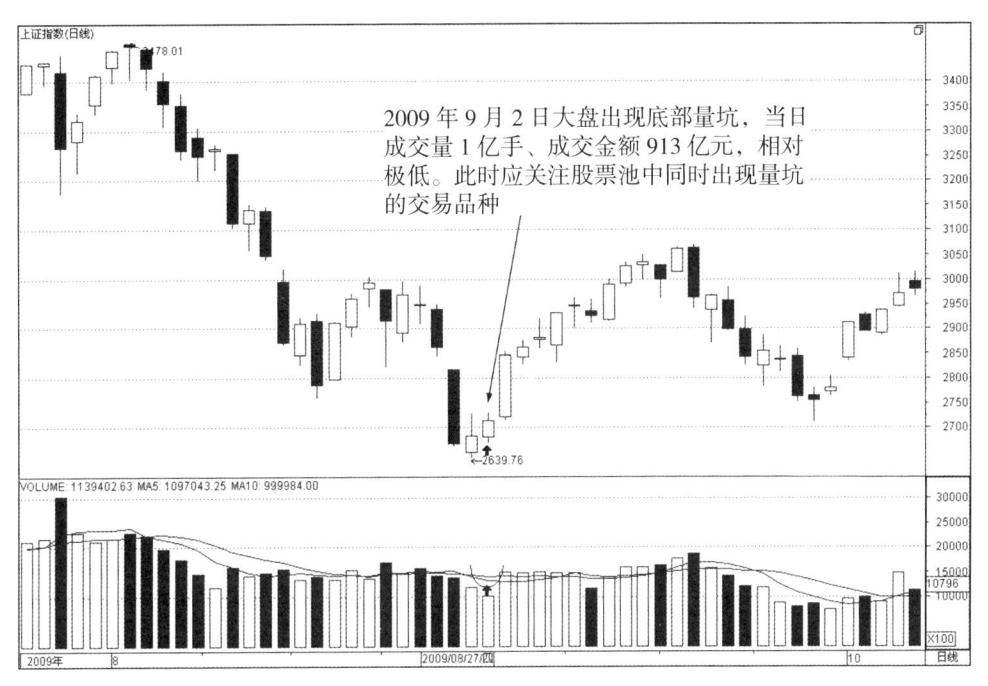

图 3-46　上证指数（999999）底部量坑示意图（一）

（2）从股票池中选中出现底部量坑的个股，确定后考虑是否建仓。

从股票池中选中基本面良好、技术面跌入周 K 线支撑区间的飞亚达 A（000026）。如图 3-47 所示，该股在 2009 年 9 月 2 日收出一根小螺旋桨阳线（买点 1），当日最低价 7.53 元，非常接近上一段下跌的低点（7.48 元）。当天成交量 21931 手、成交额 1693 万元，较前 10 天平均 3 万手成交量、2000 万元成交额相对偏低，此前两个交易日分别是"9 万手成交量、8000 万元成交额"（8 月 31 日）和"5 万手成交量、4000 万元成交额"（9 月 1 日），可以看出成交量短期内迅速暴跌，在成交量窗口上形成一个跌幅较深的"小量坑"。鉴于当天股价处于阶段性底部，此量坑为底部量坑，与大盘底部量坑日期相吻合，可考虑在9月2日建仓。

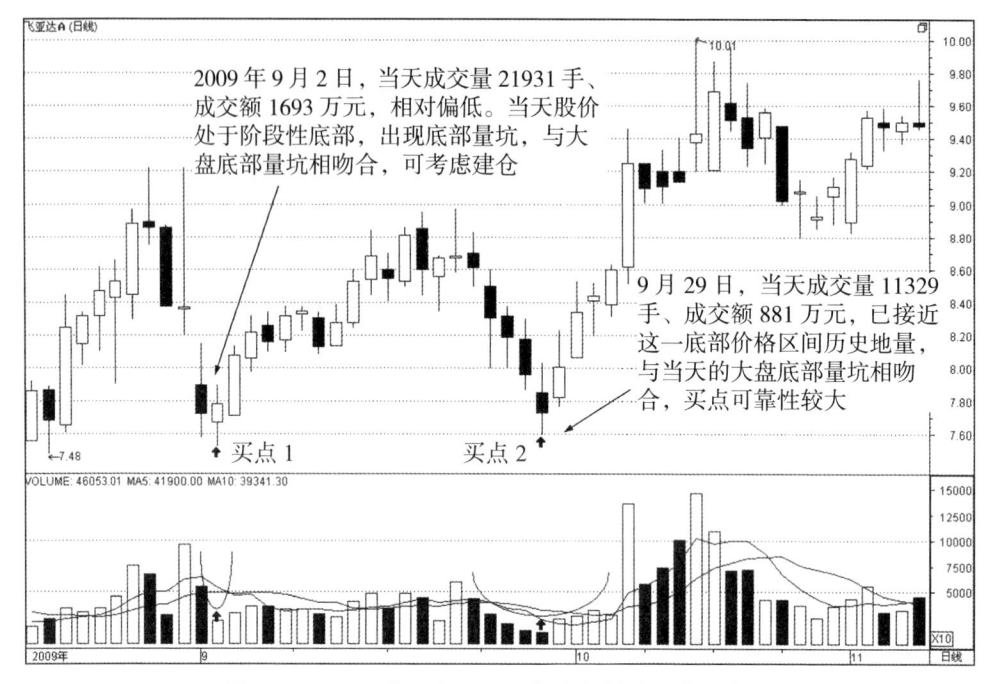

图 3-47　飞亚达 A（000026）底部量坑买点示意图

股价随后反弹，升至 9 元附近，再做回挡整理，跌至 8 元以下。如图 3-47 所示，9 月 29 日该股成交量 11329 手、成交额 881 万元，比 9 月 2 日成交量更低，已接近这一底部价格区间的历史地量，在成交量窗口上量坑更深，买点信号可靠性较大。

9 月 29 日，上证指数收出一根下影线不短的锤子阴线（见图 3-48），当天成交量 8685 万手、成交额 767 亿元，不仅低于前几日成交量，甚至比 9 月 2 日成交量更低，基本上是这一底部价格区间的历史地量，量坑更大更深。鉴于飞亚达 A 在 9 月 29 日的日 K 线底部量坑与大盘同一日的底部量坑相吻合，可考虑在这一天建仓。

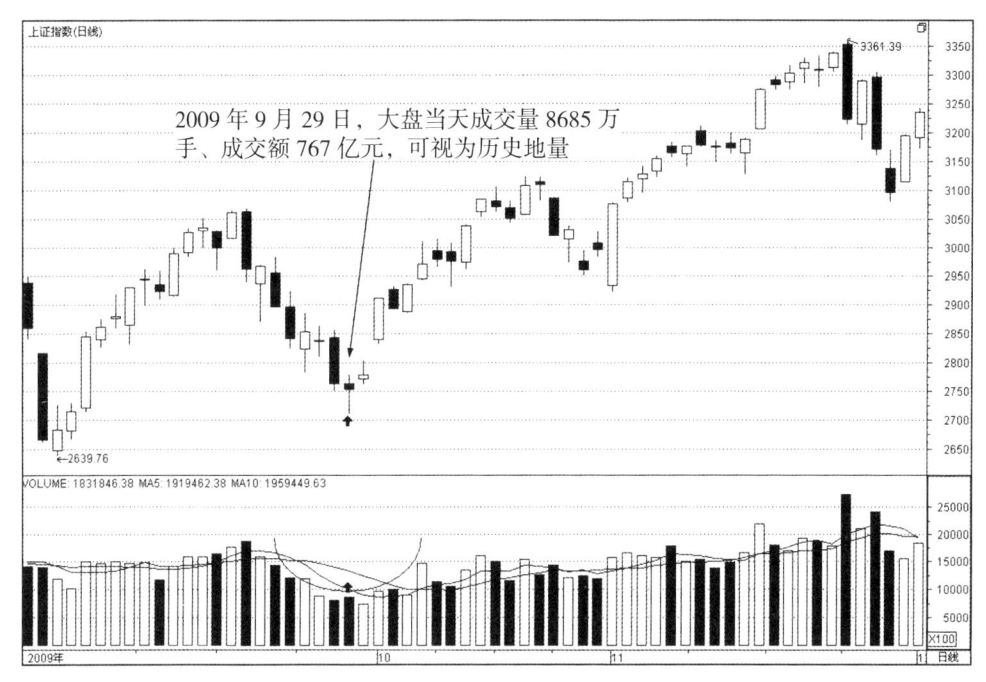

图 3-48 上证指数（999999）底部量坑示意图（二）

3. 实例二：兴民钢圈（002355）

2010 年 6 月末，上证指数（999999）周 K 线从历史中线回跌 33% 历史价格线（见图 3-49），周 K 线跌入历史支撑区间，此时应观察沪市大盘日 K 线哪一天出现"底部量坑"。

（1）确定大盘周 K 线跌入支撑区间，发现大盘日 K 线的底部量坑。

如图 3-50 所示，上证指数日 K 线持续下跌，7 月 8 日出现疑似底部量坑（上箭头 1）。股价在 7 月 2 日刚创出 2319 点新低，至 7 月 8 日为见底反弹走势，当日收出一根小螺旋桨阴线，成交量 6116 手、成交额 513.5 亿元，较前一周平均 8000 手成交量、500 亿元的成交额不算最低，量坑确实存在但并不明显。

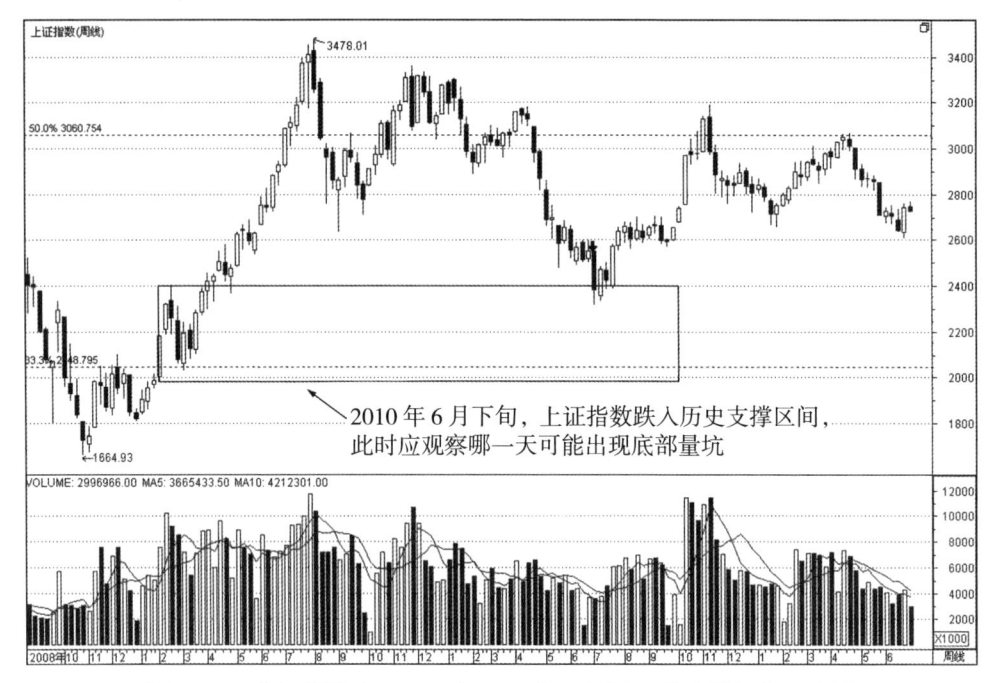

图 3-49　上证指数（999999）2010 年 6 月周 K 线支撑区间示意图

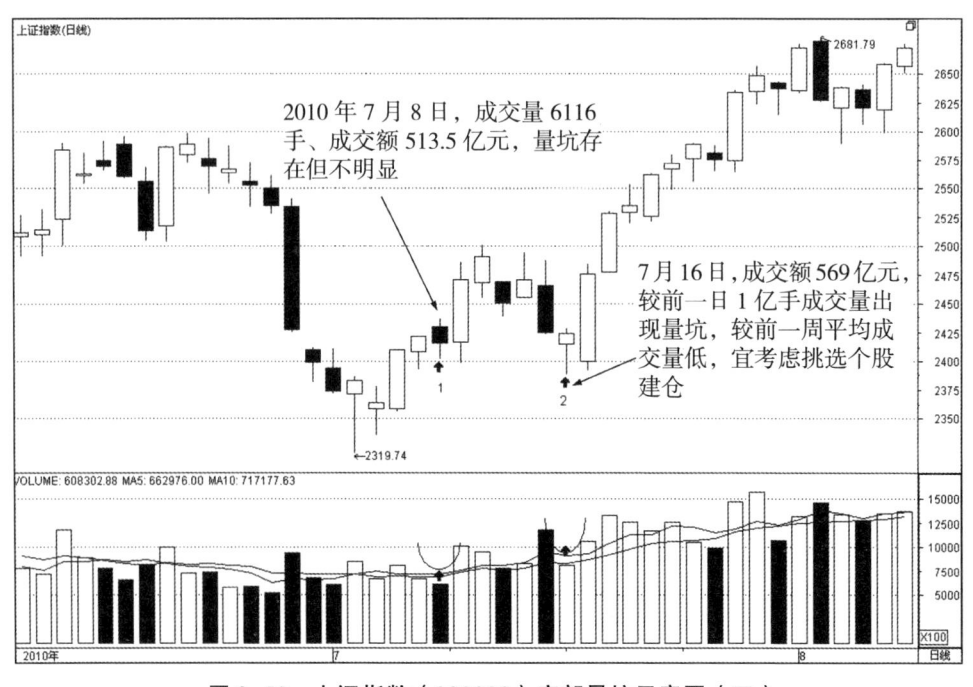

图 3-50　上证指数（999999）底部量坑示意图（三）

本模型有一条重要的交易原则，就是"在下跌时找买点，在上涨时找卖点"。7月8日股价处于升势，自然不能作为投资者买入股票的时机，这一天尽管有量坑，但是不适宜建仓。

（2）从股票池中选中出现底部量坑的个股，确定后考虑是否建仓。

随后大盘短期回挡，7月16日（上箭头2）又出现一个疑似底部量坑，当日收出一根小锤子阳线，成交量8093万手、成交额569亿元，较前一日1亿手的成交量大跌，出现量坑；较前一周平均9000万手成交量、800亿元成交额偏低。鉴于股指处于下跌后的再探底行情，7月16日这一天应关注股票池中已跌入周K线支撑区间的交易品种，选出同一天出现量坑的个股，考虑是否建仓。

从股票池中选中基本面良好、技术面跌入周K线支撑区间的兴民钢圈（002355，现为兴民智通）。如图3-51所示，该股在2010年7月16日收出

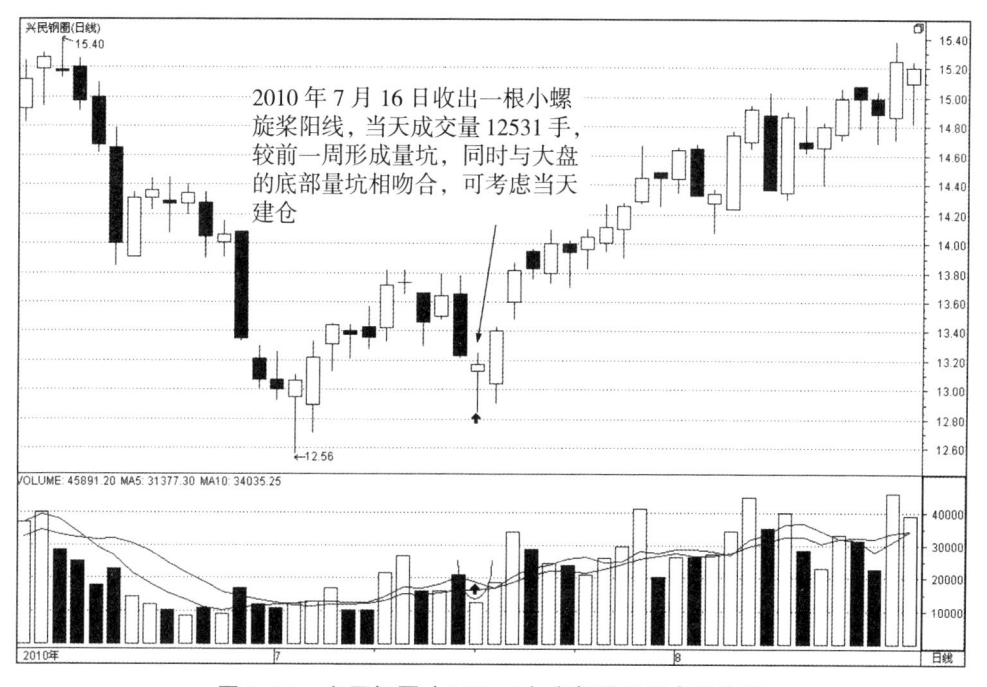

图 3-51 兴民钢圈（002355）底部量坑买点示意图

一根小螺旋桨阳线（上箭头），当日最低价 12.85 元，接近上一段下跌的低点（12.56 元）。当天成交量 12531 手、成交额 1640 万元，较前 10 天平均 2 万手成交量、3000 万元成交额相对偏低；较前一交易日 2 万手成交量、2800 万元成交额形成一个明显量坑。鉴于当天股价处于阶段性下跌走势，又出现底部量坑，与大盘的底部量坑相吻合，可考虑在 7 月 16 日这一天建仓。

实战中可结合 7 月 16 日的分时图研判当天的精确买点。如图 3-52 所示，2010 年 7 月 16 日股价低开低走，开盘后很快跌至 12.80 元附近的低位，至下午开盘后再次回踩，随后股价持续走高，于尾盘时分升至 13.12 元的当天高位。鉴于当天锤子线探底和地量的特征非常明显，投资者应考虑在尾盘阶段建仓（13.12 元附近）。

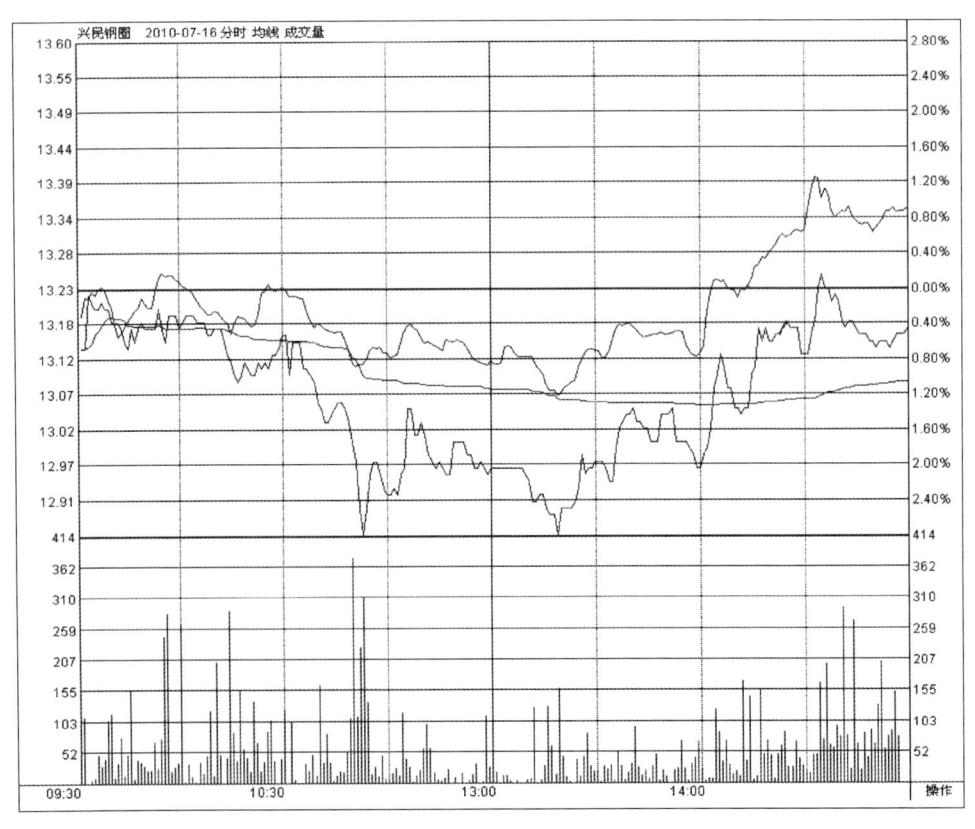

图 3-52　兴民钢圈（002355）2010 年 7 月 16 日分时图

第四章
夏长——跟随中线波段趋势持股待涨

一、左侧大阴线跟踪法

1. 技术要点

左侧大阴线跟踪法是一种非常实用的趋势跟踪技术。它利用市场本身的价格信号，提前给出未来上涨过程中的关键阻力位，投资者通过观察价格上冲关键阻力位的动能来跟踪上升趋势。具体过程是从阶段性底部开始往左计算，每次高点回落后出现的第一根大阴线计入标志性大阴线，通常一个完整的下降趋势会出现三根左右。这些大阴线意味着多方已经没有力量再将价格冲高，此时空方完全占据优势，因此多方在底部积蓄力量后，若想重新走出一轮上升趋势，势必会一步一步突破曾经的强阻力位，如图 4-1 所示。

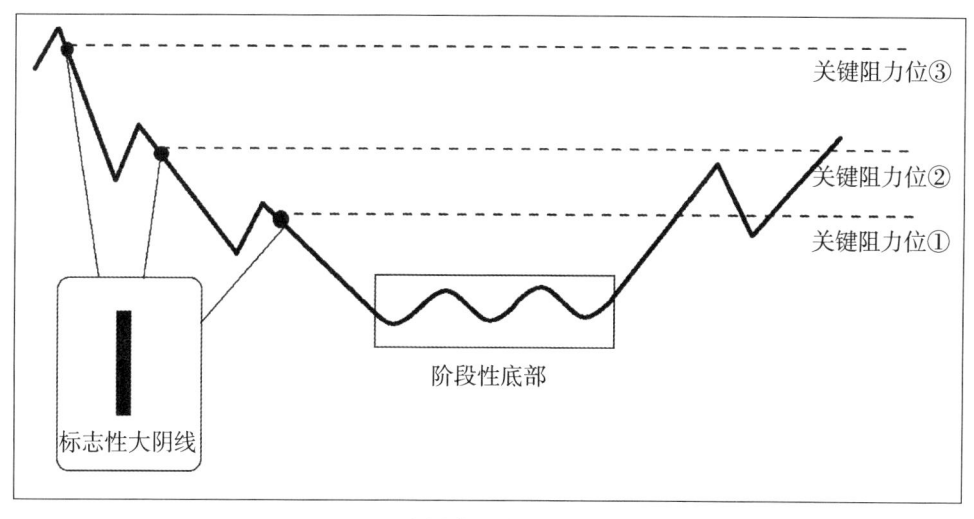

图 4-1 左侧大阴线跟踪法示意图

（1）识别标志性大阴线。

图 4-1 中的标志性大阴线是一根光头光脚大阴线，这是比较有代表性的，但它不是唯一情形。下降趋势中的标志性大阴线通常具有以下几个特点。

①价格从某个高点回落后出现，只计第一根大阴线。

②标志性大阴线相比周边其他 K 线，实体部分明显更长。

③有的大阴线会跳空低开，有的大阴线具有长上影线，不是必须光头光脚。

④从阶段性底部开始往左数，标志性大阴线所处的价格区间逐步抬高。

（2）跟踪趋势逐步抬高止损。

图 4-1 中的下降趋势有三根标志性大阴线，以大阴线的开盘价分别作为关键阻力位，从下往上，第一根大阴线的开盘价构成关键阻力位①，第二根大阴线的开盘价构成关键阻力位②，第三根大阴线的开盘价构成关键阻力位③。

使用左侧大阴线跟踪法来跟踪阶段性底部右侧的上升趋势时，初始止损位设在阶段性底部的最低点附近，当价格有效突破关键阻力位①之后，将止损位抬高至关键阻力位①下方，第一根大阴线实体的 25% 附近。

当价格有效突破关键阻力位②之后，将止损位抬高至关键阻力位②下方，第二根大阴线实体的 33% 附近。随后当价格有效突破关键阻力位③之后，将止损位抬高至关键阻力位③下方，第三根大阴线实体的 50% 附近。强调一下，此处不同位置的关键阻力位采用了不同比例的回调幅度，仅是个人的经验数据。保守起见，也可以都用 50% 做止损，为便于讲述原理，后面案例均采用对应大阴线实体的 50% 位置。

2. 实例一：中国铝业（601600）

中国铝业从 2017 年 9 月初至 2020 年 4 月底有一段下降趋势，从阶段性高点 8.32 元至阶段性低点 2.74 元，下跌幅度为 67%，如图 4-2 所示。之后从阶段性低点至 2021 年 9 月中旬的上升趋势，涨幅高达 270%。

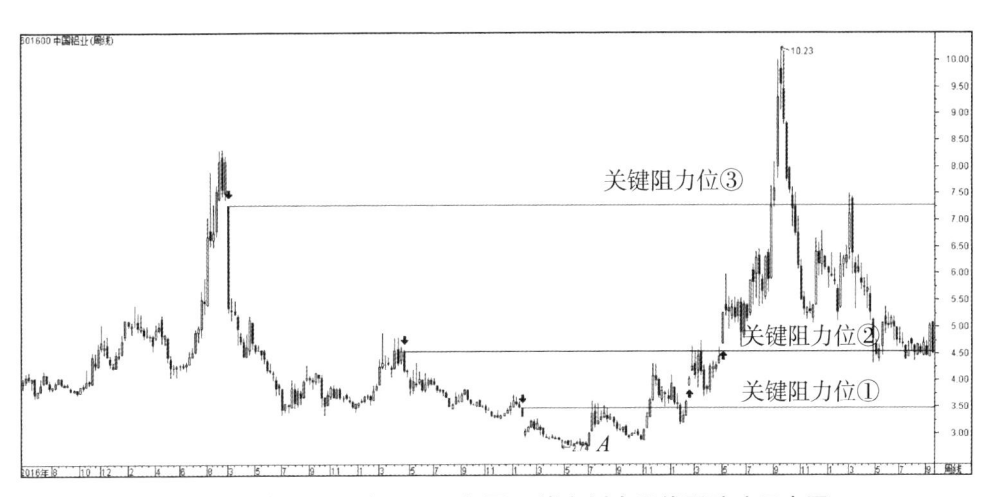

图 4-2　中国铝业（601600）周 K 线左侧大阴线跟踪法示意图

采用左侧大阴线跟踪法来跟踪这段上升趋势，首先以阶段性低点 A 为起点，往左开始寻找标志性大阴线。

①第一根大阴线，2020 年 1 月 20—23 日（过年假期原因，本周仅 4 天，第三个下箭头处），开盘价 3.47 元，收盘价 3.30 元，实体长度 0.17 元。

②第二根大阴线，2019 年 4 月 22—26 日（第二个下箭头处），开盘价 4.53 元，收盘价 4.16 元，实体长度 0.37 元。

③第三根大阴线，2018 年 2 月 26 日—3 月 2 日（公司因资产重组，曾发布公告自 2017 年 9 月 12 日起停牌，5 个多月后于 2018 年 2 月 26 日开市复牌，第一个下箭头处），开盘价 7.28 元，收盘价 5.34 元，实体长度 1.94 元。

其次，按如下顺序逐步抬高止损位。

①设置初始止损位在 A 点 2.74 元附近。

②从图 4-2 可以看出，关键阻力位①带来的阻力非常大，多方上攻 3 次最终于 2021 年 2 月 18—19 日（过年假期原因，本周仅 2 天，第一个上箭头处）这周跳空高开有效突破。此时，可将止损从 A 点抬高至关键阻力位①下方，第一根大阴线实体 50% 处，3.38 元附近。

③当价格于 2021 年 5 月 6—7 日（五一假期原因，本周仅 2 天，第二个上箭头处）这周跳空高开有效突破关键阻力位②。可将止损从关键阻力位①下方抬高至关键阻力位②下方，第二根大阴线实体 50% 处，4.34 元附近。

④当价格于 2021 年 8 月 30 日—9 月 3 日（第三个上箭头处）这周在关键阻力位③上方窄幅盘整，有效突破关键阻力位③。可将止损从关键阻力位②下方抬高至关键阻力位③下方，第三根大阴线实体 50% 处，6.31 元附近。

本例完整地展示了如何寻找左侧标志性大阴线，以及利用大阴线的开盘价作为关键阻力位来跟踪一段上升趋势。通过逐步抬高止损位，可以保证吃到"鱼身"。需要注意的是，大阴线并不绝对指跌幅超过 8%，或者跌幅超过 5%，这里强调的是相对值。假如周围都是幅度 2% 左右的小阴小阳，一根跌幅接近 4% 的阴线也算作大阴线。如果周围都是幅度在 8% 左右的大阴大阳，一根跌幅 9% 的阴线也很难算作大阴线。

3. 实例二：国际实业（000159）

国际实业自 2020 年下半年开始走出一段大型箱体振荡，如图 4-3 所示，2021 年 9 月初至 2022 年 4 月底，股价从区间上沿 9.40 元振荡至区间下沿 4.82 元；随后从区间下沿振荡至上沿，疑似"将突破箱体上沿"。

采用左侧大阴线跟踪法来跟踪这段振荡上升走势，首先以阶段性低点 A 为起点，往左开始寻找标志性大阴线。

①第一根大阴线，即 A 点，2022 年 4 月 25—29 日（第三个下箭头处），开盘价 5.80 元，收盘价 5.17 元，实体长度 0.63 元。

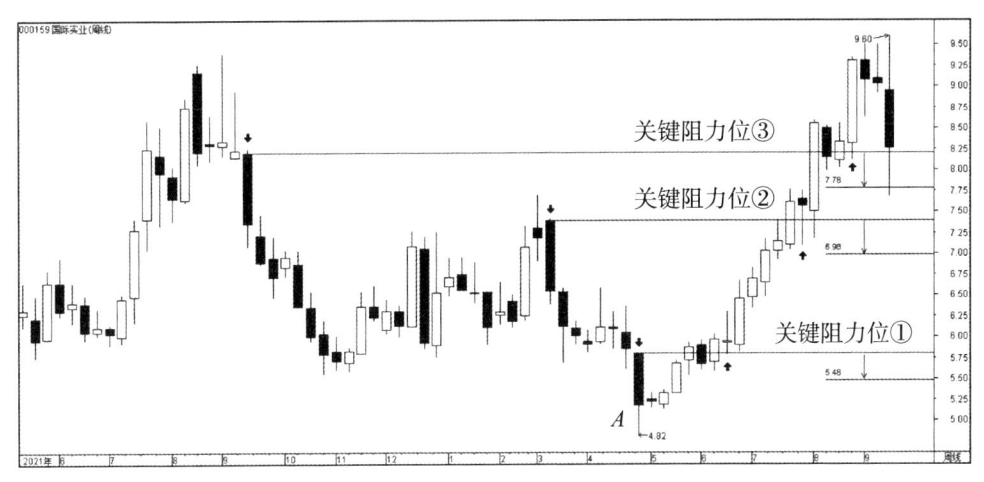

图 4-3　国际实业（000159）周 K 线左侧大阴线跟踪法示意图

②第二根大阴线，2022 年 3 月 7—11 日（第二个下箭头处），开盘价 7.39 元，收盘价 6.54 元，实体长度 0.85 元。

③第三根大阴线，2021 年 9 月 13—17 日（第一个下箭头处），开盘价 8.20 元，收盘价 7.35 元，实体长度 0.85 元。

其次，按如下顺序逐步抬高止损位。

①设置初始止损位在 A 点 4.82 元附近。

②当价格于 2022 年 6 月 13—17 日（第一个上箭头处）在关键阻力位①上方盘整，形成一根十字星线，并且收于关键阻力位①上方，可以视为有效突破。此时，可将止损从 A 点抬高至关键阻力位①下方，第一根大阴线实体 50% 处，5.48 元附近。

③当价格于 2022 年 7 月 25—29 日（第二个上箭头处）在关键阻力位②上方盘整，形成一根锤子线，并且收于关键阻力位②上方，可以视为有效突破。可将止损从关键阻力位①下方抬高至关键阻力位②下方，第二根大阴线实体 50% 处，6.96 元附近。

④当价格于 2022 年 8 月 15—19 日（第三个上箭头处）这周在关键阻力位③上方盘整，并且收于关键阻力位③上方，可以视为有效突破。此时将止

损从关键阻力位②下方抬高至关键阻力位③下方,第三根大阴线实体50%处,7.77元附近。

从阶段性低点A开始的这段上涨,时间短,幅度大,通过逐步抬高止损的方式,可以保护浮动盈利。由于我们采取的是疑似"将突破箱体上沿"的策略,后续可以继续通过逐步抬高止损的方式跟踪趋势。保守起见也可在前高9.40元附近落袋为安。另外,阶段性低点4.82元翻倍价格是9.64元附近,若价格没有强势突破9.40~9.60元,也可止盈离场。

4. 实例三:天元股份(003003)

天元股份自2020年9月上市以来一直走下降趋势,从最高价22.12元至最低价7.66元,下跌幅度为66%。尽管我们可以根据左侧大阴线跟踪法标注出未来的关键阻力位,如图4-4所示,但是由于当前价格并没有显露出可能突破关键阻力位①的迹象,此时投资者应处于观望期,不用着急进场。

图4-4 天元股份(003003)周K线左侧大阴线跟踪法示意图

5. 实例四:麦迪科技(603990)

麦迪科技自2020年11月底至2022年4月底有一段下降趋势,跌幅将近 80%。根据左侧大阴线跟踪法标注出未来的关键阻力位，如图 4-5 所示。对比前例，价格从阶段性低点 A 开始上冲关键阻力位①，终于在第三次冲破了关键阻力位①（上箭头处），随即又被关键阻力位②压回来（第四个下箭头处），说明此时卖方力量仍然很强，投资者应该依然处于观望期。但本例中价格已开始上冲关键阻力位②，说明买方也开始跃跃欲试，后续可考虑以 A 点为止损位，在合适的价位建仓。

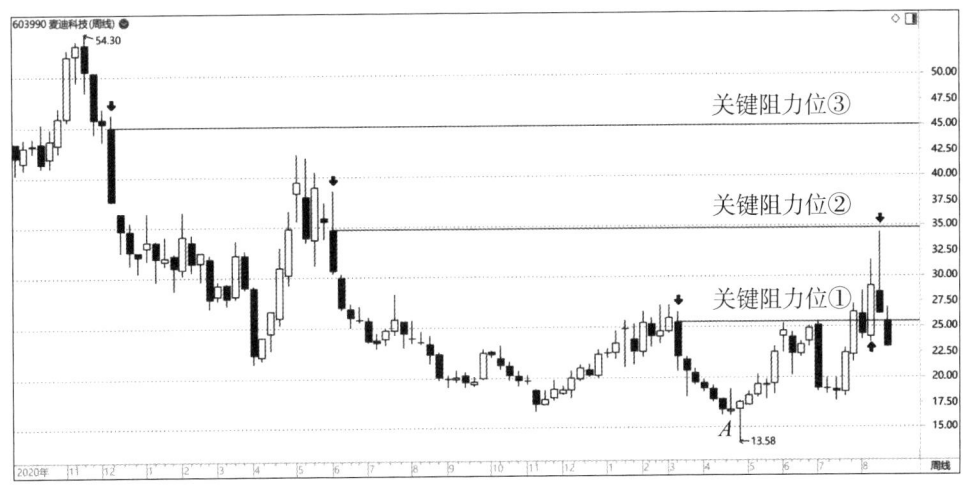

图 4-5　麦迪科技（603990）周 K 线左侧大阴线跟踪法示意图

二、趋势线跟踪法

1. 技术要点

市场中的上升趋势是对投资者最有价值的时段。根据道氏理论对趋势的定义，价格在上涨过程中，不断突破前期高点创出新高，并且回调时的最低点也比前期低点更高，那么市场就处于上升趋势。图 4-6 为一段上升趋势，从阶段性低点 A 开始，价格回升至 B 点，随后下跌，在 A 点之上的 C 点停住，价格又从 C 点开始继续上涨至 D 点，D 点价格比前期高点 B 更高。连接 A 点和 C 点作一条直线，便是上升趋势线。

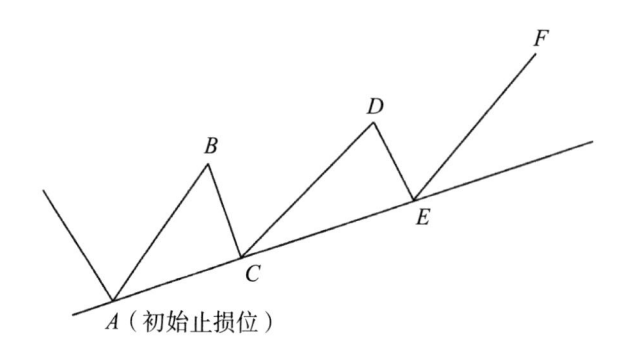

图 4-6　上升趋势示意图

上升趋势线对价格走势可以起到很好的支撑作用，价格回调至支撑线附近通常会反弹，继续上行。观察价格是否在上升趋势线的上方运行，可以跟踪这段上升趋势。在跟踪趋势时，既可以在日线级别，也可以在周线级别，由交易品种的牛市持续时间决定。实战中通常是先在日线级别跟踪，当上升趋势的持续时间超过一年时，就需要考虑提升跟踪周期级别，改为周线。

图 4-7 是省广集团（002400）日 K 线上一段典型的上升趋势，可以看出当上升趋势没有结束时，价格回调至上升趋势线附近，上升趋势线具有的支撑作用使得价格随后继续上行。一旦价格有效跌破了上升趋势线，则很难再回到上升趋势线的上方。

跟踪上升趋势时，随着价格不断地创新高，投资者应立即抬高止损位，这样做可以提升盈利空间，避免出现明明价格有上升，最终却以小止损，甚至赔钱出局，没有将浮动盈利落袋为安。具体做法以图 4-6 为例，这段上升趋势的初始止损位是阶段性低点 A。价格从 A 点回升至 B 点，随后从 B 点回调至比 A 点更高的 C 点期间，维持初始止损位 A 点。只有当价格从 C 点上涨至比前高 B 点更高的 D 点时，才立即把止损位从 A 点抬高至 C 点。同样地，当 F

点创出新高时，应立即把止损位从 C 点抬高至 E 点，继续跟踪这段上升趋势。

图 4-7　省广集团（002400）上升趋势示意图（一）

下面以省广集团日 K 线的这段上升趋势为例，讲解实战中如何利用上升趋势线逐步抬高止损，如图 4-8 所示。这段上升趋势的初始止损位是阶段性低点 A 处 7.96 元，随着下一次上涨出现高点 D，由于 D 点价格高于 B 点，此时应立即将止损位从 A 点抬高至 D 点的前低 C 点。同样地，随着 F 点创出新高，也应立即将止损从 C 点抬高至 E 点，继续跟踪这段上升趋势。

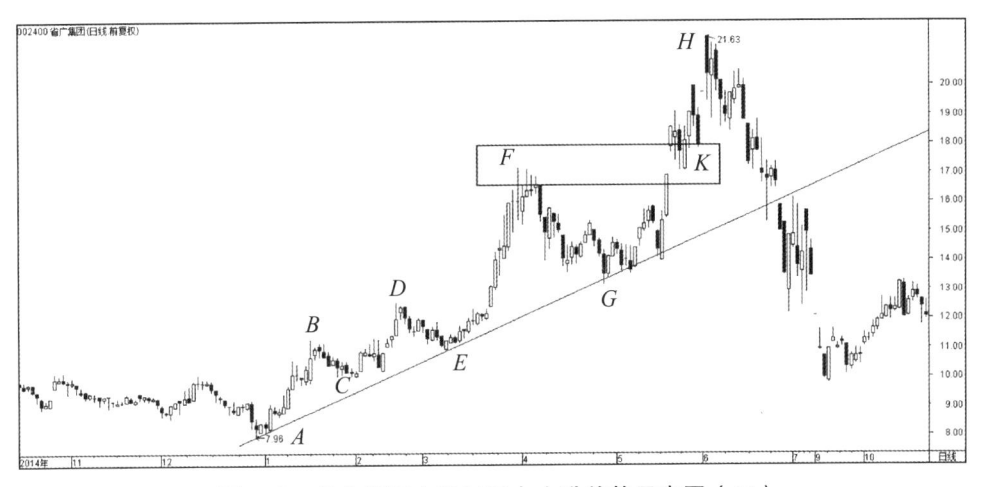

图 4-8　省广集团（002400）上升趋势示意图（二）

另外，之后的新高 H 点价格到了 21.63 元，从初始止损位 A 点 7.96 元起算，这一段上升趋势的涨幅已经超过 170%，远高于通常中线交易的目标盈利位 100%，为了保护浮动盈利，此时跟踪趋势抬高止损位时，应从常规设置的 G 点变更为 K 点更为稳妥。并且 K 点价格与前高 F 点很接近，此价格区间是 F 点的阻力位转换为 K 点的支撑位，是实战中非常重要的关键价位，适合设置为跟踪上升趋势的止损位。

2. 实例一：华能国际（600011）

如图 4-9 所示，华能国际从 2014 年 3 月中旬至 2015 年 6 月底有一段持续 1 年多的上升趋势，涨幅超过 220%。这段趋势从阶段性低点 A 处 4.56 元一路上涨，至 B 点 6.44 元后开始回调，A 点至 B 点涨幅为 41%。B 点回调至 C 点后，继续上涨。C 点价格为 5.79 元，远高于 A 点，此段回调幅度仅为 10%。C 点上涨至 D 点后，又开始回调。D 点价格为 9.46 元，远高于前高 B 点，C 点至 D 点涨幅为 63%。连接 A 点和 C 点作一条直线，便是图中的上升趋势线。

图 4-9　华能国际（600011）周 K 线上升趋势示意图

D 点回调至 E 点后，继续上涨。E 点价格为 7.12 元，高于前低 C 点，此段回调幅度接近 25%。随后价格从 E 点涨至 F 点 12.98 元，又在 G 点 14.76 元形成向上的假突破。之后一路下行至上升趋势线的 H 点 7.26 元，开始反弹，最终当价格在 K 点以大阴线有效跌破上升趋势线后，走势转为长期横盘整理。

跟踪此段上升趋势时，随着价格不断创新高，可按如下顺序逐步抬高止损位。

①设置初始止损位在 A 点 4.56 元附近。

②当 D 点价格高于 B 点时，止损位抬高至 C 点 5.79 元附近。

③当 F 点价格高于 D 点时，止损位抬高至 E 点 7.12 元附近。

④当 G 点形成向上的假突破时，为了保护盈利，止损位抬高至 F 点的最低价 10.08 元附近。

为何本例中要使用 F 点的最低价设置止损，而不是继续按部就班地将止损位抬高至前低呢？

使用 F 点的最低价设置止损，其实是将止损从 E 点附近抬高至图中标识的价格区间①。当价格在 F 点创出新高 12.98 元时，以初始止损位 A 点 4.56 元起算，涨幅已经超过 180%，对比中线交易通常设置的目标盈利位 100%，多出了一大段浮动盈利。此时在"继续跟踪趋势"与"落袋为安"之间做抉择，投资者应更倾向于保护浮动盈利。另外，当 G 点形成向上的假突破时，长长的上影线说明此时卖压非常大，市场中希望"落袋为安"的投资者远远多于继续买入并期待价格继续上行的投资者。

图中标识的价格区间①，也就是 F 点的最低价附近，也是存在支撑作用的，可以观察到不管是高点 F 之后的回调，还是高点 G 之后的回调，价格每次下行至此区间都会回弹。从"跟踪趋势"的角度看，假定价格维持在此区间之上，后续上行的可能性还是存在的。因此，当价格大幅下跌，并跌破此价格区间时，可以断定这段上升趋势已接近尾声。即使后面价格在上升趋势线 H 点出现强力反弹，由于没有向上突破图中标识的价格区间①，再继续上行的可能性已经不大，在价格上冲价格区间①时也是不错的逃命点。

3. 实例二：新时达（002527）

新时达从 2021 年 2 月 5 日至 9 月 13 日有一段持续 7 个多月的上升趋势，如图 4-10 所示，从阶段性低点 A 处 5.07 元一路上涨至阶段性高点 H 处 11.35 元，涨幅超过 120%。连接 A 点和 C 点作一条直线，便是图中的上升趋势线，可以看到价格一直在上升趋势线的上方稳步抬高。

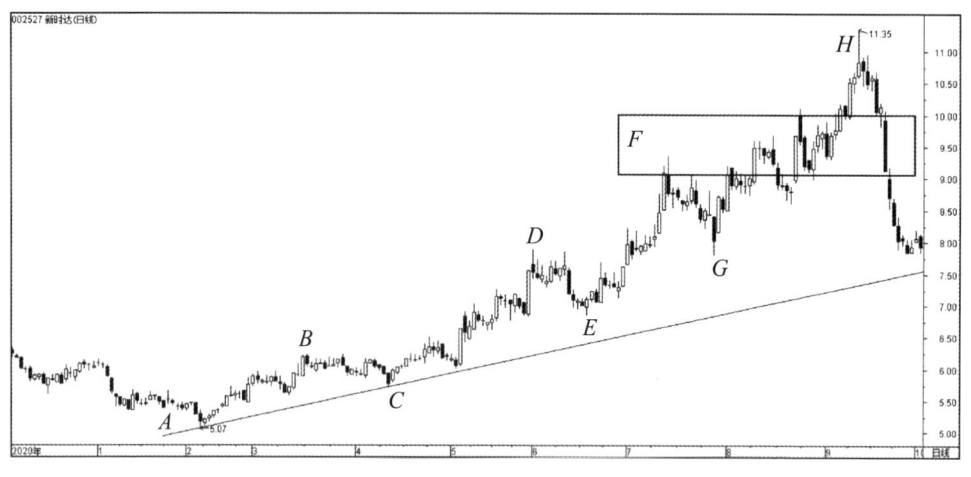

图 4-10　新时达（002527）日 K 线上升趋势示意图

其间 A 点至 B 点的涨幅近 23%。随后价格从 B 点 6.23 元回调至 C 点 5.72 元，这段回调的幅度仅为 8%。之后价格从 C 点上涨至 D 点 7.88 元，涨幅接近 38%。从 D 点回调至 E 点 6.84 元，幅度也不大，仅为 13%。

下一段上涨从 E 点至 F 点 9.35 元，涨幅近 37%，基本与 C 点至 D 点的涨幅持平。F 点回调至 G 点后，继续上涨。G 点价格为 7.80 元，此段回调幅度接近 25%，几乎是上一段回调 D 点至 E 点幅度的 2 倍。随后价格从 G 点涨至 H 点 11.35 元，走势转为下跌，"三只乌鸦"形态标志着这段上升趋势彻底终结。

跟踪此段上升趋势时，可按如下顺序逐步抬高止损位。

①设置初始止损位在 A 点 5.07 元附近。

②当 D 点价格高于 B 点时，止损位抬高至 C 点 5.72 元附近。

③当 F 点价格高于 D 点时，止损位抬高至 E 点 6.84 元附近。

④当 H 点价格高于 F 点时，为了保护盈利，止损位抬高至 F 点最高价 9.35 元附近。

注意：本例中是在 F 点最高价附近设置止损，而不是前例中的 F 点最低价附近。不是因为前例是周线级别的上升趋势，本例是日线级别，原因与趋势跟踪的时间周期无关，而是与上升趋势末期的走势形态有关。前例的走势是在阶段性高点 G 点形成了向上假突破；而本例在 F 点回调至 G 点后，从 G 点到阶段性高点 H 是一段大幅上涨，涨幅高达 46%，比前面两段涨幅 38% 还要多。一方面，这一段涨幅相对较大；另一方面，从阶段性低点 A 起算，A 点至 H 点的涨幅超过 120%，高于中线交易通常设置的目标盈利位 100%，因此必须考虑让盈利"落袋为安"。

观察图 4-10 中标识的价格区间①，可以看出从 G 点到阶段性高点 H 的这段大幅上涨在此区间内存在大幅盘整。当我们在跟踪上升趋势时，价格在相对高的价位附近进行区间盘整是需要提高警惕的，市场很可能从上升阶段转为派发阶段。一旦价格有效跌破了这个盘整区间的下沿，也就是 F 点的最高价附近，市场很可能就转为下降阶段了。

4. 实例三：中国人寿（601628）

中国人寿从 2020 年 5 月 25 日至 2020 年 10 月 10 日的这段上升趋势，从阶段性低点 A 处 23.97 元至阶段性高点 H 处 52.16 元，涨幅近 118%。如图 4-11 所示，做出上升趋势线，可以看出它的斜率远高于前几个案例。

图 4-11 中国人寿（601628）日 K 线上升趋势示意图

价格从 E 点 26.90 元开始突然拉升至 D 点 45.12 元，这段上涨幅度大，速度快，7 天时间涨幅达 68%。随后回调至 F 点 34.05 元，又从 F 点涨至 G 点 50.88 元，这段涨幅也不少，将近 50%。之后从 G 点回调至 J 点 40.70 元，再从 J 点上涨至 H 点 52.16 元，最后这段涨幅相对小一点，但仍有 28%。

跟踪此段上升趋势时，可按如下顺序逐步抬高止损位。

①设置初始止损位在 A 点 23.97 元附近。

②当 D 点价格高于 B 点时，止损位抬高至 E 点 26.90 元附近。

③当 G 点价格高于 D 点时，止损位抬高至 F 点 34.05 元附近。

④当 H 点价格高于 G 点时，为了保护盈利，可以将止损位抬高至 D 点最高价 45.12 元附近，也可以设置在 K 点 44 元附近。若再激进一些，设置在图 4-11 中标识的价格区间①的上沿也可以。

我们在第二步选择 E 点作为止损位，而没有选择 C 点，同样也是因为 E 点至 D 点的上涨又急又高。E 点后的上涨节奏改变了，之前是缓慢爬升，之后是迅速上升。

第四步选择 D 点最高价附近，而没有选择 G 点最高价附近，理由是当前仍在跟踪这段上升趋势。G 点价格 50.88 元与 H 点价格 52.16 元距离太近了，一旦将止损抬高至 G 点，就会错过价格从 H 点回调后，若再继续涨一波的行情。

通过以上三个例子，可以看出在跟踪上升趋势时，随着价格不断创新高，逐步抬高止损位的方法并不是完全一模一样的，实战中照猫画虎是不可以的，具体情况需要具体分析。总的来说，上升趋势早期可以逐步抬高，到了末期就得时刻想着保护浮动盈利了。鱼和熊掌不可兼得，我们在跟踪上升趋势时也是这个道理。

5. 实例四：深纺织 A（000045）

最后再来看深纺织 A 的一段上升趋势，如图 4-12 所示，从阶段性低点 A 处 6.67 元至阶段性高点 H 处 11.33 元，不到 4 个月时间涨幅将近 70%。此段涨幅没有达到中线交易通常设置的目标盈利位 100%，就开始走下降趋势了，这种情形在实战中也是比较常见的。

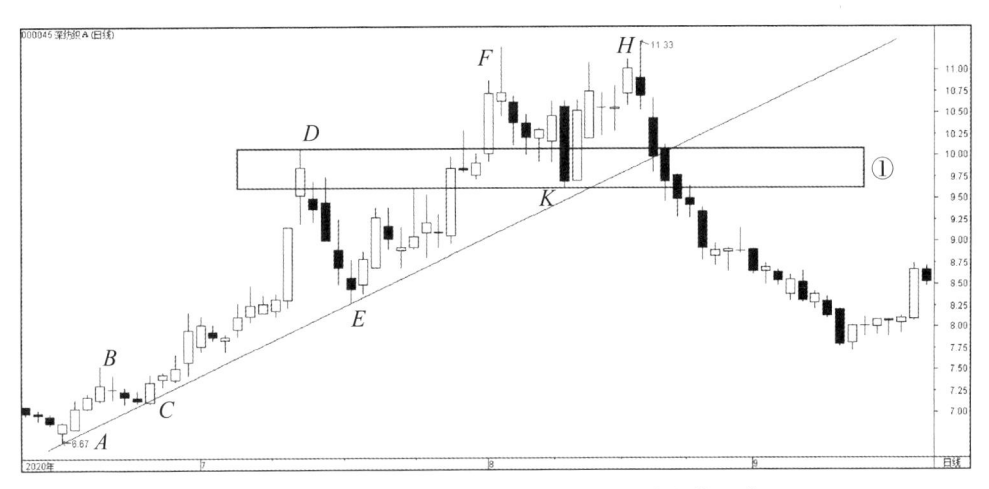

图 4-12　深纺织 A（000045）日 K 线上升趋势示意图

跟踪这段上升趋势时，需要注意以下几点。

① F 点最高价 11.28 元与 H 点最高价 11.33 元，几乎在同一价位，H 点出现之后，就要重点关注是否出现涨不动的情形，因为后续极有可能走成"双头顶"形态。

② 以 D 点最高价 10.08 元与 K 点最低价 9.62 元构成的价格区间，是跟踪趋势时重点关注的价格区间。当价格同时跌破上升趋势线和该价格区间时，一定要立即止损离场，切不可想着"没准儿价格还能涨回去"，持股到天荒地老。

第五章

秋收——止盈平仓必须要果断

一、均线卖出法

移动平均线（简称"均线"或"MA"）作为一项重要的技术指标，能够在很大程度上反映股票价格的运行趋势。均线在盘中所对应的点位，通常是十分重要的支撑位或阻力位，可为投资者买卖股票提供有利的参考。本模型主要是借助周K线的短周期均线研判卖点。

均线的周期有长有短，周期越短（均线数值越小）与K线的走势重合度就越高。也就是说，短周期均线总会紧密地围绕在K线行情附近波动，不会出现较大幅度的偏离。

1. 技术要点

美国投资专家约瑟夫·葛兰威尔（Joseph E.Granville）是均线技术分析的集大成者，他提出的"均线八法则"被奉为均线实战应用的关键性法则。其中的两条是投资者研判本模型卖点的理论依据。

①股价于均线之上运行，回挡时未跌破均线，短期均线呈上升趋势，宜继续持仓。

②均线上升后逐渐走平，股价从均线上方向下跌破均线，说明卖压渐重，应卖出所持股票。

投资者若在日K线上建仓，随后要观察周K线走势，选取与周K线走势紧密但交叉不多的短周期均线MA5（5周均线）与MA10（10周均线），辅助研判卖点。其基本流程如下。

①观察建仓后的个股周K线走势，股价未回踩破MA5或MA10可安全

持仓。

②若发现股价回踩 MA5 或 MA10 且走势利空，可考虑卖出股票。

利用 5 周均线或 10 周均线研判卖点时，应注意以下几点。

①建仓后观察周 K 线行情，正常的上升走势应当是：股价突破短周期均线第一次上升—第一次回踩时不破 10 周均线—开始第二次上升走势—第二次回踩短周期均线—根据均线及 K 线位置关系确定卖点。如果建仓后的周 K 线走势在以上某一环节出现异常，说明行情随时可能反转，宜尽快确定卖点。

②股价回踩短周期均线，是指某一根周 K 线的收盘价在短周期均线以下，而不是以周 K 线的最低价作为衡量标准。这一点投资者应当牢记。

只要股价运行时没有出现收盘价两次处于短周期均线以下，均可以安全持股。当周 K 线收盘价两次跌破短周期均线且均线拐头向下时，应及时考虑卖出。

2. 实例一：德赛电池（000049）

本书前面曾讲过德赛电池 2010 年 6—7 月的一段走势，并根据底部红三兵的买点信号，于 2010 年 7 月 19 日这一天建仓。下面我们将研判该股的后市行情及卖点信号。

（1）观察建仓后该股周 K 线走势，股价未回踩 5 周均线可安全持仓。

该股在日 K 线建仓以后，应从周 K 线关注其走势，在周 K 线图上插入 MA5（5 周均线），观察股价与 5 周均线的位置及变化。

如图 5-1 所示，2010 年 7 月 19—23 日这一周是建仓点（上箭头处），随后的两周是疑似红三兵走势，股价在 24～26 元区间平缓上行。8 月 16—20 日这一周拉出周涨幅 23% 的大阳线，一举升入 30 元平台。在建仓后的 7 周时间，股价均在 5 周均线以上运行（收盘价未跌破当周均线价），随后形成疑似红三兵的走势，2010年9月蹿升至34元，完成建仓后第一阶段的走势（股价在5周均线上的第一次上涨）。

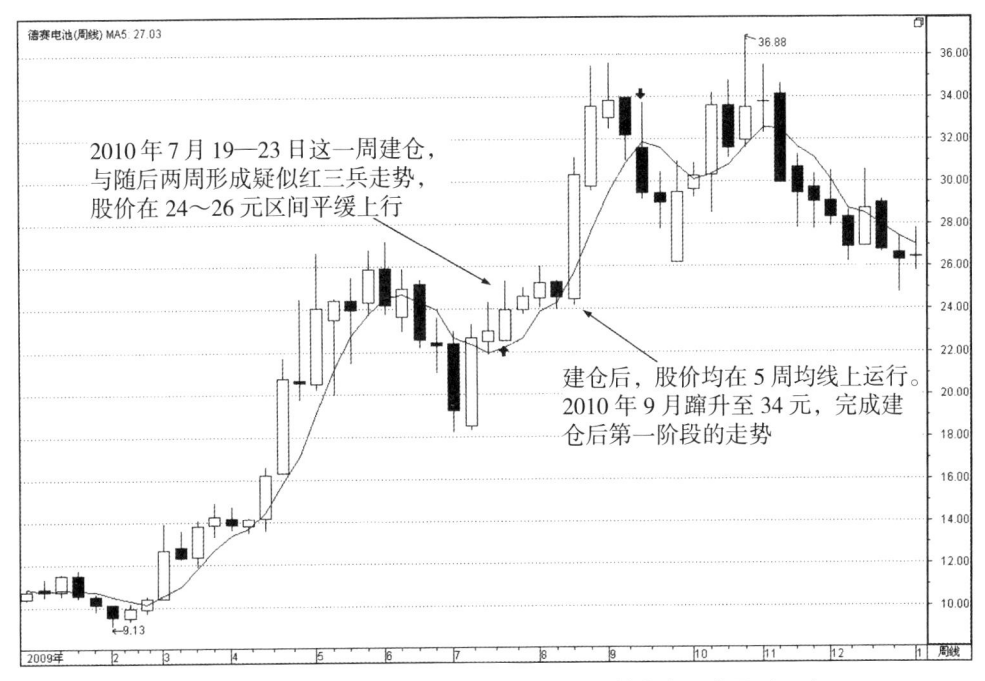

图5-1 德赛电池（000049）5周均线研判卖点示意图（一）

（2）若发现股价回踩5周均线且趋势利空，可考虑卖出股票。

如图5-2所示，2010年9月13—17日这一周（周中停盘3天），收出一根上影线较长的中阴线，上影线上穿5周均线，收盘价跌破5周均线。周中，股价起初是低开高走，随后遭遇获利盘抛压，股价开始逐渐回踩均线。当周中股价跌破5周均线且均线走势利空，此时可考虑在5周均线附近卖出股票。

整个反弹波段的行情：2010年7月初股价为18元，至2010年9月中旬股价为35元，此段行情涨幅为94%。严格按照模型买卖点操作，两个半月的行情至少可获得35%的盈利。

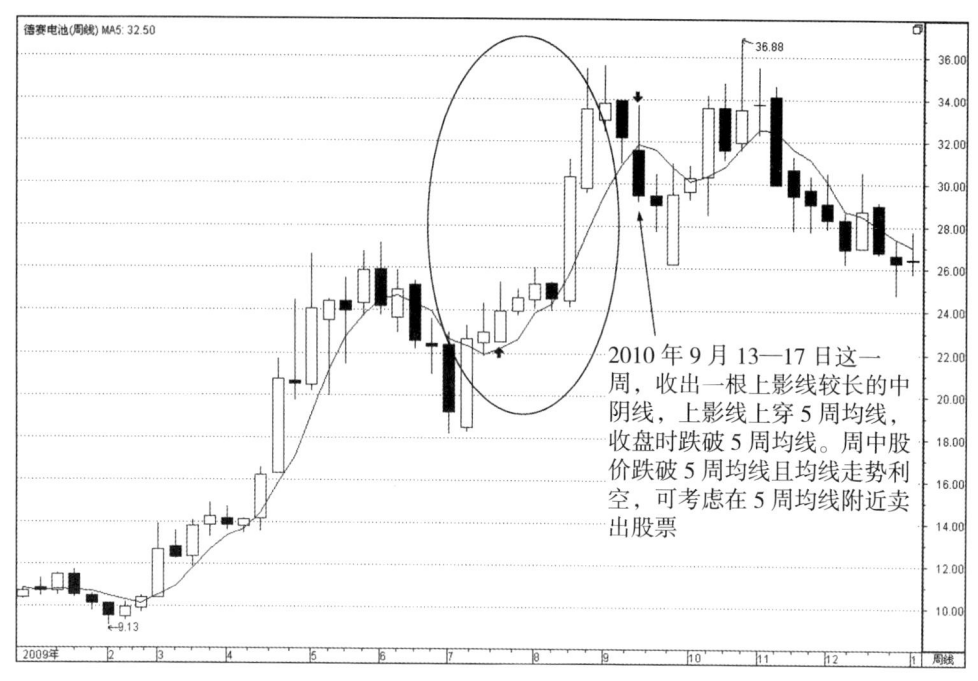

图 5-2　德赛电池（000049）5 周均线研判卖点示意图（二）

3. 实例二：深长城（000042）

本书前面曾以深长城为例，研判过该股 2009 年 8—10 月的一段走势，并根据底部红三兵的买点特征，于 2009 年 10 月 9 日这一天建仓。下面我们将研究该股的后市行情及卖点信号。

（1）观察建仓后该股周 K 线走势，股价未回踩 10 周均线可安全持仓。

如图 5-3 所示，图中的数字表示建仓后股价走势的 4 个阶段："1"指股价在 MA10 之上第一次上涨；"2"指股价第一次回踩不破 MA10；"3"指股价的第二次上涨走势；"4"指股价第二次回踩 MA10。

日 K 线建仓后应从周 K 线关注该股走势，在周 K 线上插入 10 周均线。如图 5-3 所示，2009 年 10 月 8—9 日这一周是建仓点（上箭头处），随后周 K 线走出红三兵形态，向上突破 22 元，完成建仓后第一阶段的上升走势。

2009 年 11 月 3—6 日这一周，股价低开高走以 22.83 元收盘，远远高于 MA10。股价第一次回踩未破 MA10，可安全持仓

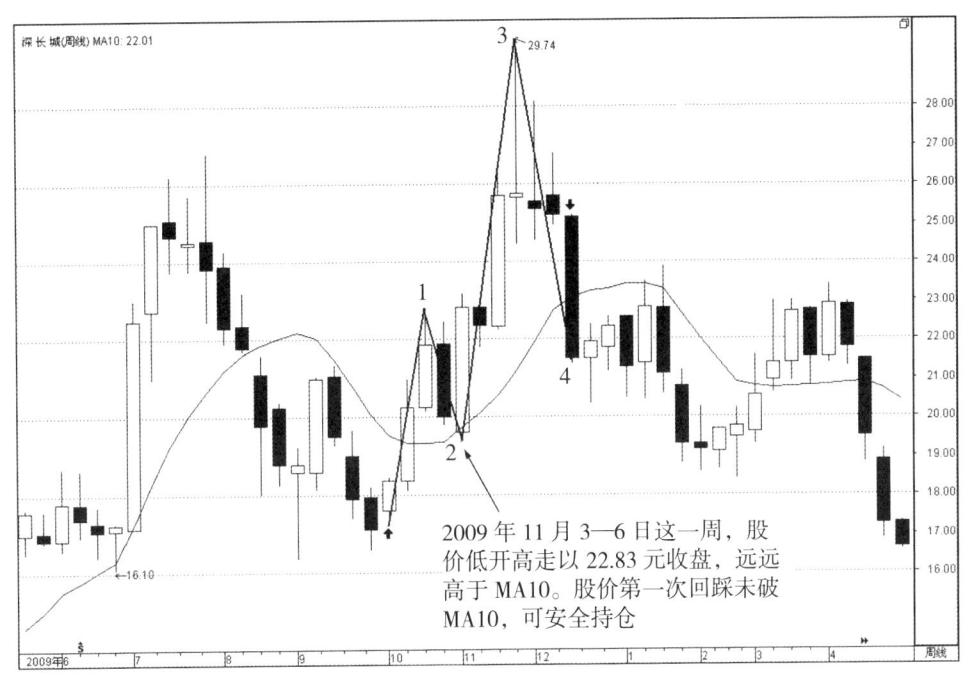

图 5-3　深长城（000042）10 周均线研判卖点示意图（一）

股价随后第一次回踩 10 周均线，10 月 26—30 日这一周收出一根跌幅为 8% 的大阴线，下影线未向下击穿 10 周均线；随后的周 K 线（11 月 3—6 日）低开高走，以 19.60 元开盘，曾跌破 10 周均线，但是周中获得大量买盘支撑，最终以 22.83 元收盘，价格高于 10 周均线（当周均线价为 19.76 元），未跌破 10 周均线，至此第二阶段走势宣告完成（第一次回踩不破 10 周均线）。

该股的前两个阶段走势都符合预期，且第一次回探时收盘价未破 10 周均线，可安全持仓。

（2）发现股价回踩 10 周均线且趋势利空，可考虑卖出股票。

如图 5-4 所示，股价在 2009 年 11 月 23 日至 27 日这一周创下 29.74 元的阶段性新高，随后两周分别出现实体在 26 元附近、上影线较长的十字线和倒锤子线，顶部区间已构筑成型，空方力量逐渐增强，后市明显看空。投资者应在创新高的一周考虑卖出股票。

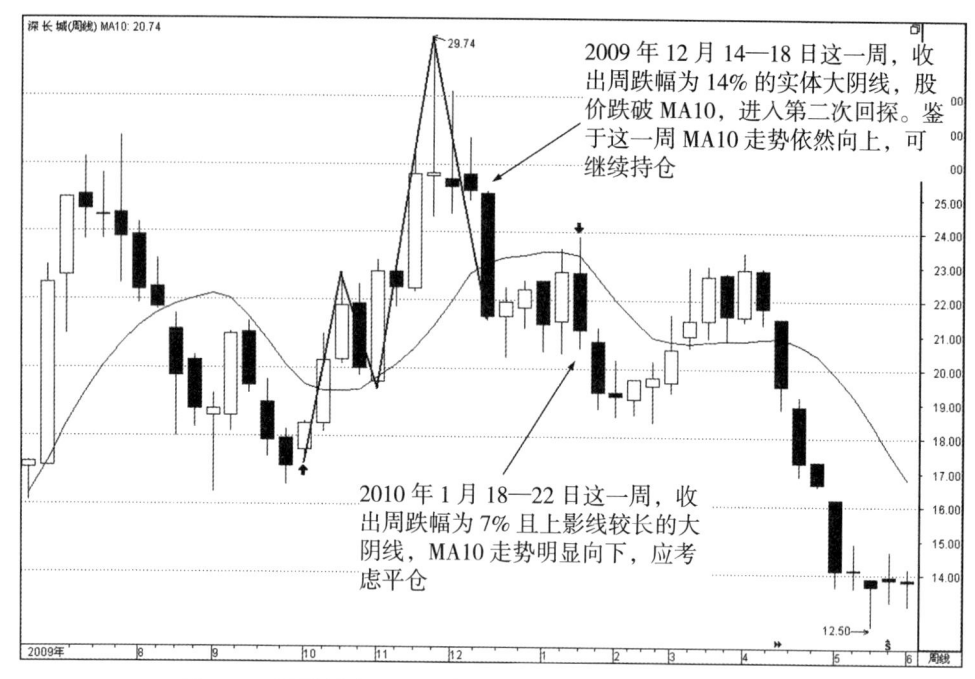

图 5-4 深长城（000042）10 周均线研判卖点示意图（二）

2009 年 12 月 14—18 日这一周，收出一根周跌幅为 14%、近乎实体的大阴线，股价也跌破 10 周均线，进入第二次回探。一般来说，第二次回探未破 10 周均线且 10 周均线走势向上，意味着股价还能有第三波升势；如果第二次回探破了 10 周均线，后市很可能反转向下或者可能的第三波走势涨幅不会太大。鉴于这一周 MA10 走势依然向上，可继续持仓，观望后市。

随后的 3～4 周，股价在 22 元附近进行盘整，周 K 线实体都不大，10 周均线从上升走势趋于水平，此时应注意观察 10 周均线何时下行。2010 年 1 月 18—22 日这一周（下箭头处），收出一根周跌幅为 7% 且上影线较长的大阴线，10 周均线走势明显向下，应考虑及时平仓。

整个反弹波段的行情：2009 年 9 月末股价为 14 元，至 2009 年 12 月初股价约为 29 元，此段行情涨幅为 108%。严格按照模型买卖点操作，3 个月的行情至少可获得 30% 的盈利。

4. 实例三：联美控股（600167）

本书前面曾以联美控股为例，研判过该股2010年5—7月的一段走势，并根据底部红三兵的买点特征，在2010年7月19日这一天建仓。下面我们将研究该股的后市行情及卖点信号。

（1）观察建仓后该股周K线走势，股价未回踩10周均线可安全持仓。

根据日K线建仓后，应从周K线关注该股走势，在周K线上插入10周均线。如图5-5所示，2010年7月19—23日这一周是建仓点（上箭头处），下一周股价再次拉出周涨幅为8%的大阳线，实体部分向上突破10周均线，收盘价高于10周均线较多。随后股价经过5~6周时间，从8.75元攀升至9.50元，于9月5—10日这一周创下10.20元的阶段性高点，完成建仓后第一次上涨的走势。

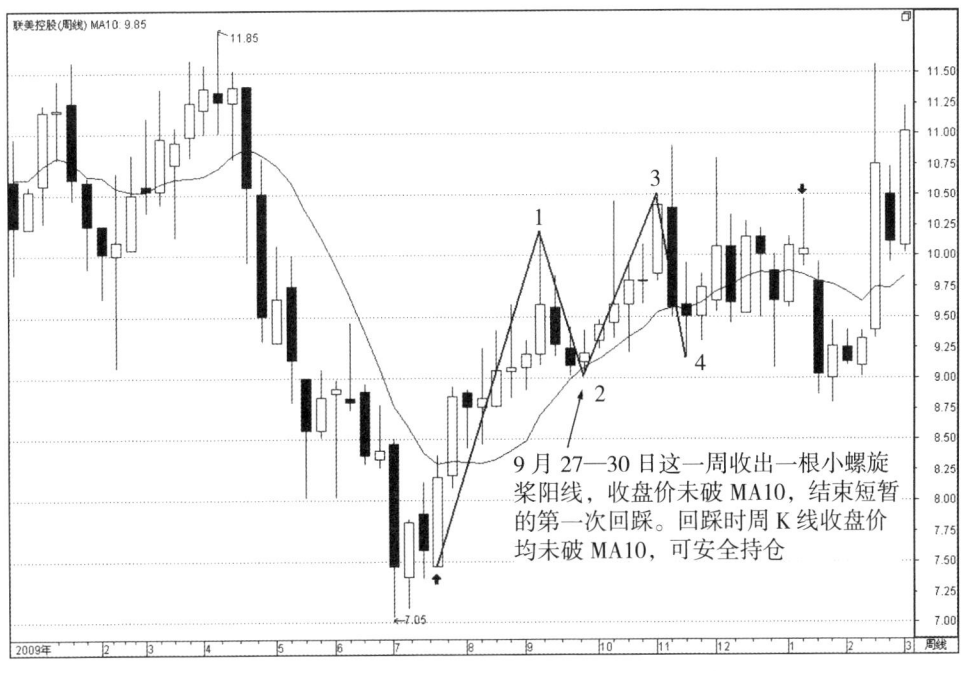

图5-5 联美控股（600167）10周均线研判卖点示意图（一）

股价随后第一次回踩 10 周均线，9 月 27—30 日这一周收出一根小螺旋桨阳线，下影线下穿 10 周均线，收盘价未破 10 周均线，结束短暂的第一次回踩。随后的 4～5 周，周 K 线的影线虽有长短变化，但是实体价格逐步攀升。前三个阶段走势都符合预期，第一次回探时周 K 线收盘价均未破 10 周均线，可安全持仓。

图 5-5 中的数字表示建仓后股价上升走势的 4 个阶段："1"指股价在 MA10 之上的第一次上涨；"2"指股价第一次回踩不破 MA10；"3"指股价的第二次上涨走势；"4"指股价第二次回踩 MA10。

（2）发现股价回踩 10 周均线且趋势利空，可考虑卖出股票。

如图 5-6 所示，股价在 2010 年 11 月 8—12 日这一周，创下 10.90 元的行情新高，但同时收出一根跌幅为 7% 的大阴线，下影线下穿 10 周均线，但是周收盘价 9.58 元与 10 周均线价格持平，不视为第二次回踩跌破。接下来的一周（11 月 15—19 日）收出一根标准的螺旋桨阴线，当周收盘价 9.51 元，跌破 10 周均线，但 10 周均线走势向上，可继续持仓观望。

随后的 5～6 周，周 K 线的收盘价始终在 10 周均线以上，且 10 周均线走势平缓上行，宜稳健持仓。在 2010 年 12 月 27—31 日，收出一根下影线较长的锤子阴线，收盘价再次跌破 10 周均线，这意味着卖出股票进入倒计时。鉴于这一周 10 周均线呈水平走势，宜考虑继续持仓，等待下一周行情——2011 年 1 月 4—7 日这一周收出一根周涨幅为 4% 的中阳线，收盘价再次站在 10 周均线以上，且 10 周均线依然保持水平，可依然观望。

2011 年 1 月 10—14 日这一周，收出一根低开的倒锤子阳线，见顶的反转信号非常强烈，这一周股价依然站在 10 周均线之上。但是 10 周均线出现明显向下走势，此时不能迟疑，应在这一周卖出股票。

整个反弹波段的行情：2009 年 7 月初股价为 7 元，至 2011 年 1 月初股价约为 10 元，此段行情涨幅为 43%。严格按照模型买卖点操作，6 个月的行情至少可获得 25% 的盈利。

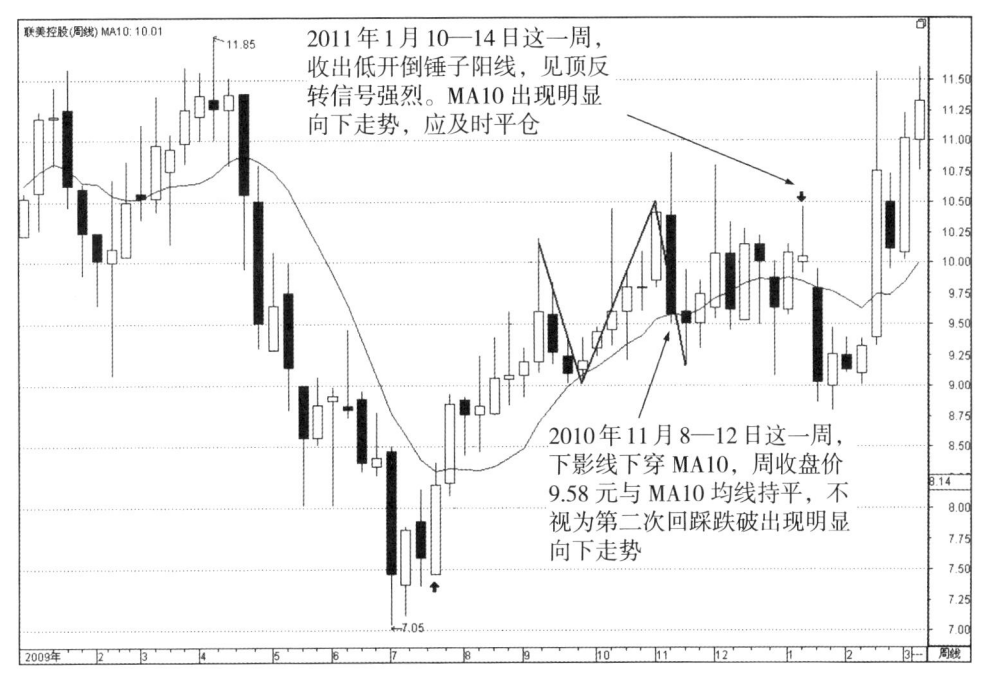

图 5-6 联美控股（600167）10 周均线研判卖点示意图（二）

5. 交替使用 5 周均线与 10 周均线研判卖点

5 周均线和 10 周均线都是研判卖点的首选。投资者还可借助其他的短周期均线，与它们一起作为辅助研判卖点的均线指标。

实战中，5 周均线与 10 周均线交替使用，可以更好地研判卖点，使卖出股票的点位和利润更精确。以 5 周均线为例，借助其研判实例二深长城的行情。如图 5-7 所示，建仓后股价迅速突破 5 周均线，收盘价始终在 5 周均线之上，直至 2009 年 12 月 14—18 日（下箭头）以周跌幅为 14% 的大阴线跌破 5 周均线，此时 5 周均线拐头向下，应及时在当天的 5 周均线均线价格（24.70 元）考虑平仓。按照 5 周均线分析应在 24 元左右卖出，较 10 周均线研判的卖点 22 元，可多赚 2 元的利润。

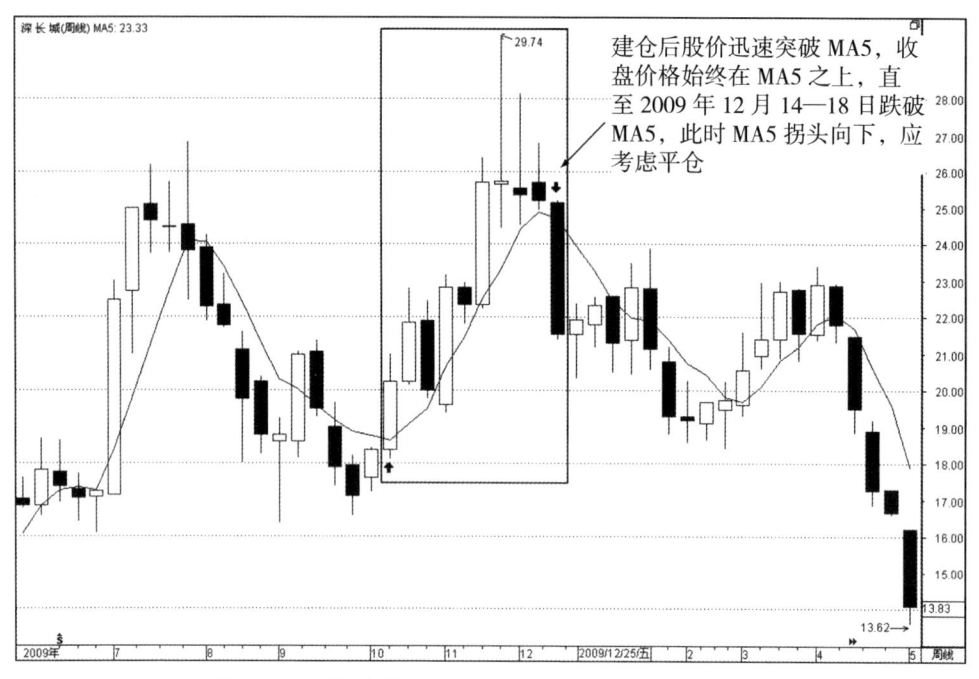

图 5-7　深长城（000042）5 周均线研判卖点示意图

下面借助 5 周均线，研判实例三联美控股的行情。如图 5-8 所示，股价在第二次回踩破 5 周均线后，周 K 线实体几乎都压在 5 周均线上，收盘价跌破 5 周均线好几次，由于 5 周均线走势不够平缓，很难看出明确的卖点。直至 2011 年 1 月 17—21 日（下箭头），5 周均线明显拐头向下，股价从均线价开始大幅下跌，这一周理应及时卖出股票。按照 5 周均线分析应在 9.5 元左右卖出，较 10 周均线研判的卖点 10 元，少赚 5 毛钱左右的利润。

投资者若选择单根短周期均线研判周 K 线卖点，从安全角度出发，10 周均线由于其走势平缓、与 K 线保持一定的价格空间，理应是首选；若采用 5 周均线、10 周均线两根均线综合研判，可相互取长补短，增强卖点的可靠性和精确性，便于以较高的价格卖出股票。

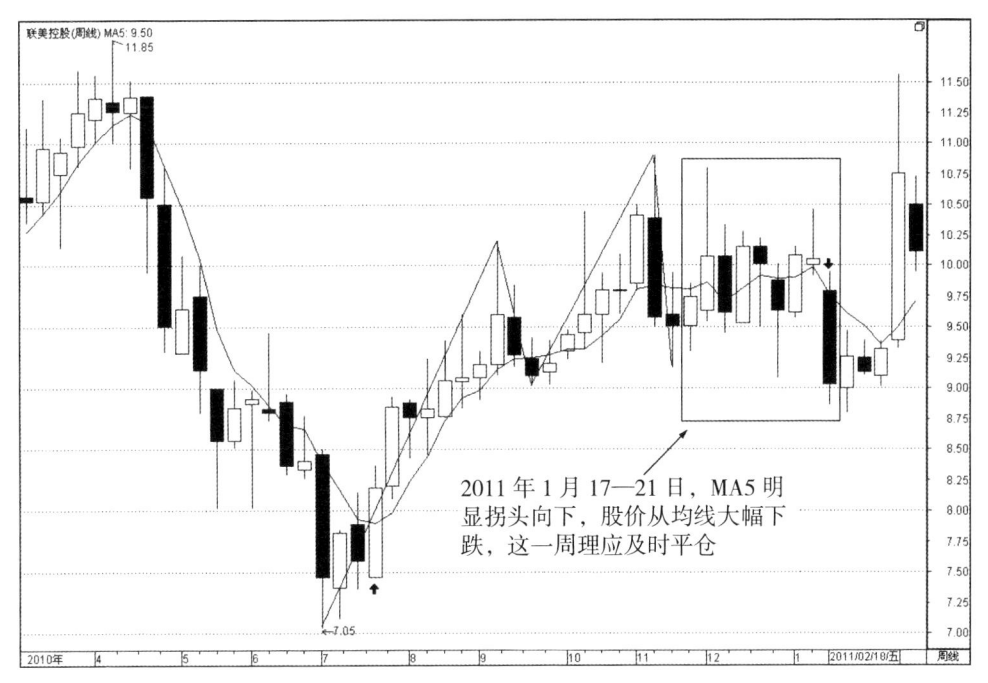

图 5-8　联美控股（600167）利用 5 周均线研判卖点示意图

二、历史阻力区间卖出法

1. 技术要点

在前面如何买股票的讲解中，我们提出过支撑区间的概念。简单地讲，支撑区间就是股价在下跌过程中遭遇历史盘面上多根 K 线所组成的起支撑作用的平台，从而下跌动能减缓、卖盘能量减弱，随后跌势走完，出现反转行情。

阻力区间与支撑区间的概念恰好相反，是指股价在上涨过程中遭遇历史盘面上多根 K 线所组成的起到阻力作用的平台，从而上涨动能不足、买盘能量减弱，随后升势走完，进入下跌或回挡行情。

通过这一定义，我们可知如下两点。

①股价在上涨过程中才能遭遇阻力区间，因此卖点是在股票上涨过程中出现的。

②阻力区间是由过去的多根K线组成的密集平台，K线较少的平台所组成的阻力区间，阻止股价上涨的能量相对有限。这就好比从低处向上跳，很容易将很薄的一层木板顶开，但如果放上五六层木板，不仅脑袋顶不开，可能还要挂彩。可靠的阻力区间，就像牢固的木板一样将上升趋势的股价稳稳地阻挡住。

以此方法寻找卖点，必须在股价进入历史阻力区间之前就开始观察。

阻力区间是一个阻力位密集的价格范围（如6.85～9.70元）。用百分比线划分出的历史价格空间，都是非常重要的历史阻力空间，尤其是25%～33%、33%～50%这两处价格空间。对于盘整和上涨行情，阻力区间一般为当前行情的前一次K线密集的高点平台。

以历史阻力区间研判卖点的基本流程如下。

①观察建仓之后的周K线走势，将历史阻力区间画出。

②股价一旦升入历史阻力区间，可伺机卖出股票。

2. 实例一：海隆软件（002195）

本书前面曾以海隆软件为例，研判过该股2010年6—7月的一段走势，并根据底部红三兵的买点特征，在2010年7月26日这一天建仓。下面我们将研究该股的后市行情及卖点信号。

（1）观察建仓之后的周K线走势，将历史阻力区间标出。

在日K线建仓后，应从周K线开始关注其走势，在周K线上画出历史阻力区间：该股当前处于盘整行情，历史阻力区间应是"前一次高点的价格平台"，找到构成历史阻力区间的 K 线，实体部分应当压在即将突破的历史价格线附近（对该股而言是历史价格中线）。

如图 5-9 所示，历史阻力区间由 2010 年 4 月 5—30 日的 4 根周 K 线组成（圆圈部分），阻力区间价格范围是 19.50～23.66 元。区间最高价和最低价是 4 月 26—30 日的跌幅为 12% 的周 K 线的最高价与最低价。

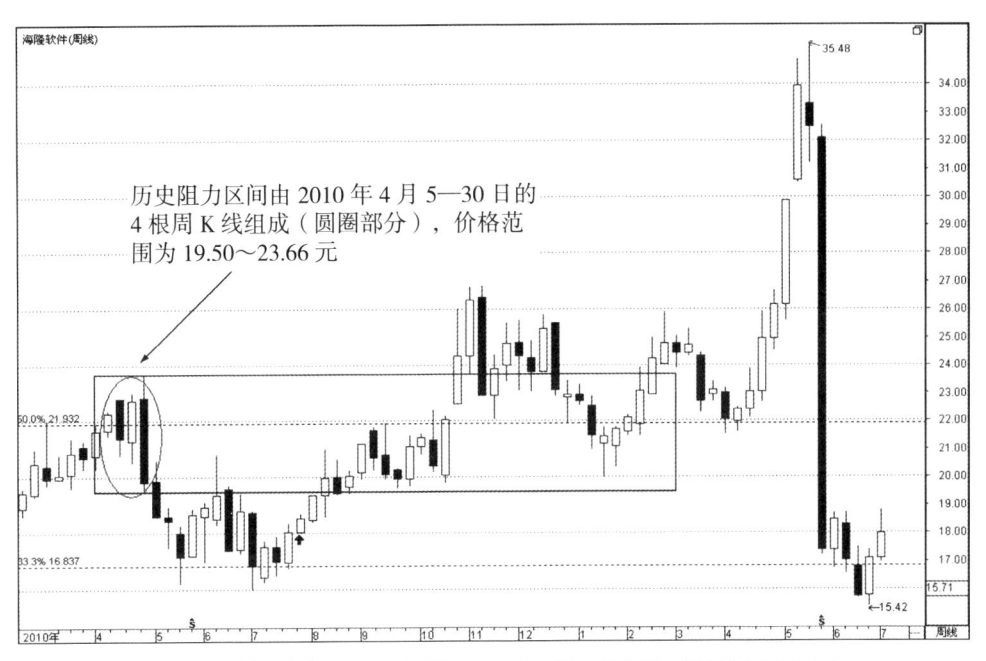

图 5-9　海隆软件（002195）周 K 线历史阻力区间研判卖点示意图（一）

（2）周 K 线股价一旦升入阻力区间，可伺机卖出股票。

如图 5-10 所示，2010 年 7 月 26—30 日这一周建仓后（上箭头处），股价开始一段疑似红三兵的走势，于 2010 年 8 月 9—13 日这一周拉出一根标准的螺旋桨阳线，突破了阻力区间的下限（19.50 元），随后开始一段 20～22 元价格区间的横盘整理，可视为该股在积累量能，准备突破历史中位线。在这段行情中，只要没有出现一根实体压在阻力区间下限的大阴线，即可安全持仓。

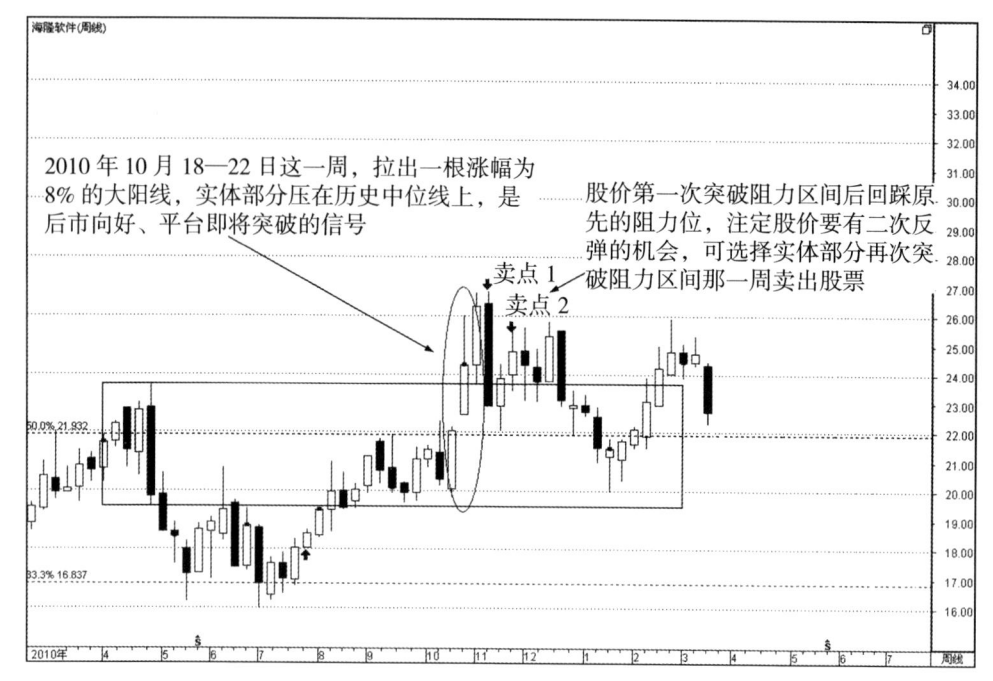

图 5-10　海隆软件（002195）周 K 线历史阻力区间研判卖点示意图（二）

2010 年 10 月 18—22 日这一周，拉出一根涨幅为 8% 的大阳线，实体部分刚好压在历史中位线上，是后市利好、平台即将突破的信号。随后的两周都是上冲的大阳线，形成了三武士的走势，一举跃入 26 元平台，突破了阻力区间的上限（23.66 元）。股价一旦突破阻力区间上限，就要观察随后的行情，只要不出现一根实体压在阻力区间上限的大阴线，即可继续持仓。

2010 年 11 月 8—12 日这一周（卖点 1），收出一根跌幅为 12% 的大阴线，击穿阻力区间上限，安全起见，这一周最好以阻力区间上限的价格（23.66 元）埋单卖出。当然，一般来说，股价第一次突破阻力区间后再回踩，原先突破的阻力位转而变成支撑位，注定股价要有二次反弹的机会，可选择实体部分第二次突破阻力区间的那一周卖出股票（2010 年 11 月 22—26 日这一周，卖点 2）。

整个反弹波段的行情：2010 年 7 月初股价为 16 元，至 2011 年 11 月末股价为 26 元，此段行情涨幅为 63%。严格按照模型买卖点操作，4 个月的行情至少可获得 30% 的盈利。

3. 实例二：金宇集团（600201）

本书前面曾以金宇集团为例，研判过该股在 2010 年 5—7 月的一段走势，并根据双重底的买点特征，在 2010 年 7 月 28 日这一天建仓。下面我们将研究该股的后市行情及卖点信号。

（1）观察建仓之后的周 K 线走势，将历史阻力区间标出。

在日 K 线建仓以后，要从周 K 线关注其走势，在周 K 线上画出历史阻力区间：该股当前突破 33% 的历史价格线，准备上冲历史中线，阻力区间应为以往历史中位线附近的均线密集区。构成历史阻力区间的 K 线，实体部分或上下影线应当压在即将突破的历史价格线附近（对于该股而言是历史中位线）。

如图 5-11 所示，历史阻力区间由 2008 年 3 月 17 日至 5 月 30 日的十几根周 K 线组成（圆圈部分），阻力区间价格范围是 11.12～15.25 元。区间最高价是 3 月 17—21 日这一周（下箭头）的最高价，区间最低价是 4 月 6—11 日这一周（上箭头）的最低价。

（2）周 K 线股价一旦升入阻力区间，可伺机卖出股票。

如图 5-12 所示，该股在 2010 年 7 月 26—30 日这一周建仓（上箭头处），随后股价开始在 12 元至历史中位线价格（13.65 元）区间盘整。在积累足够的量能后，11 月 22—26 日这一周拉出一根涨幅为 6% 的阳线，开始突破历史中位线的上涨行情。

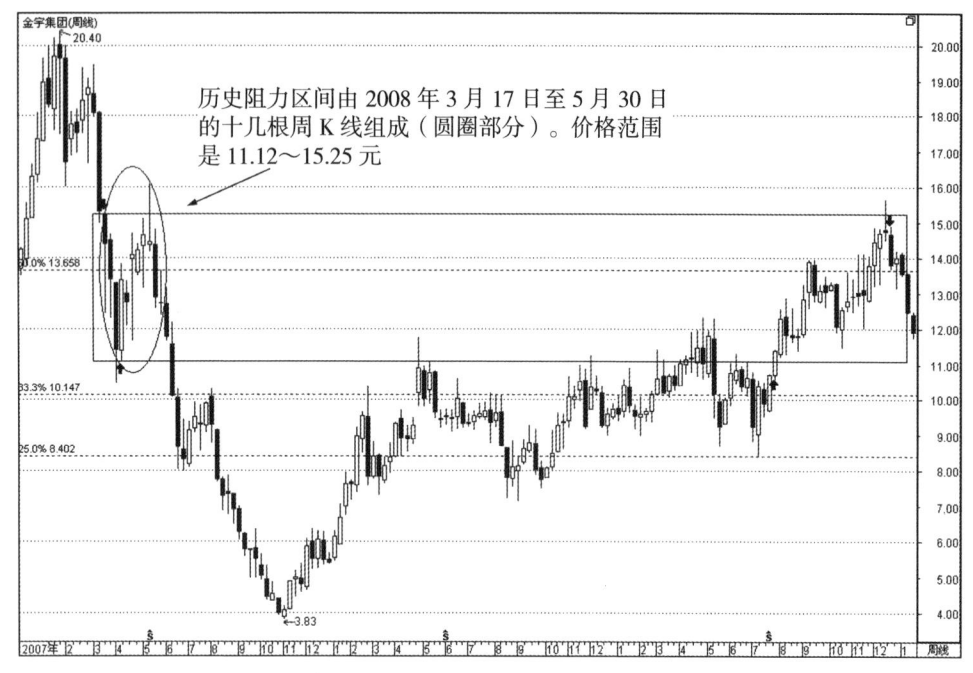

图 5-11 金宇集团（600201）周 K 线历史阻力区间研判卖点示意图（一）

图 5-12 金宇集团（600201）周 K 线历史阻力区间研判卖点示意图（二）

12月13—17日这一周收出上影线较长的倒锤子线（预示后市利空），突破了历史阻力区间的上限15.25元，这一周应考虑卖出股票。随后股价果然迅速跌回历史中位线，跌至历史阻力区间的下限。

整个反弹波段的行情：2010年7月初股价为8元，至2010年12月中旬股价为16元，此段行情涨幅为100%。严格按照模型买卖点操作，4个月的行情至少可获得50%的盈利。

4. 实例三：广州药业（600332）

广州药业（600332，现为白云山）2010年7月跌至25%历史价格线以下，按照本模型在下跌底部以9元成本买入该股，接下来应观察该股的周K线行情及卖点信号。

（1）观察建仓之后的周K线走势，将历史阻力区间标出。

在日K线建仓以后，应在周K线上画出历史阻力区间：该股当前跌破25%的历史价格线，但上升势头良好，已突破33%历史价格线，准备上冲历史中位线。鉴于该股前一段下跌是从历史中位线开始的，那么阻力区间应为"历史中位线附近的均线密集区"，构成历史阻力区间的K线，实体部分或上下影线应处于历史中线附近。

如图5-13所示，历史阻力区间由2010年4月5日至5月14日的5根周K线组成，阻力区间价格范围是12.37~15.10元。阻力区间最低价是4月5—9日这一周（上箭头）的最低价，区间最高价是4月26—30日这一周（下箭头）的最高价。

（2）周K线股价一旦升入阻力区间，可伺机卖出股票。

如图5-14所示，2010年7月在该股25%历史价格线以下的底部区域建

图 5-13　广州药业（600332）周 K 线历史阻力区间研判卖点示意图（一）

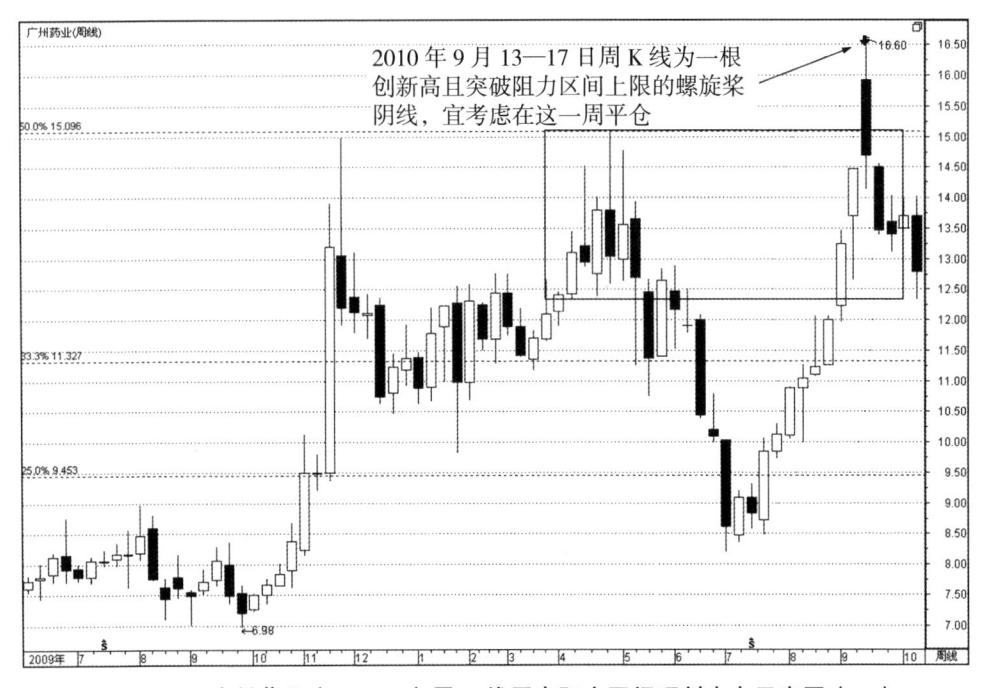

图 5-14　广州药业（600332）周 K 线历史阻力区间研判卖点示意图（二）

仓，2010 年 7 月 19—23 日这一周拉出周涨幅为 11% 的大阳线，突破了 25% 的历史价格线，开启一段迅猛的上升行情。随后是三武士及其延续的系列阳线，8 月 23—27 日这一周又是周涨幅 6% 的阳线，突破 33% 的历史价格线，照此势头看来，股价将很可能突破历史中位线。

仅仅用了三周时间，股价就迅猛地贯穿历史阻力区间，并且突破了阻力区间的上限（15.10 元）。2010 年 9 月 13—17 日的周 K 线为一根创阶段性新高并且突破阻力区间上限的螺旋桨阴线，很明显这一波接近翻番的行情（从底部的 8.5 元涨至 16.6 元）即将走完，后市回挡已成定势，投资者宜考虑在这一周平仓。

整个反弹波段的行情：2010 年 7 月中旬股价为 8 元多，至 2010 年 12 月中旬股价为 16 元，此段行情涨幅为 100%。严格按照模型买卖点操作，两个月的行情至少可获得 70% 的盈利，足见该股在当时走出一波典型的牛股行情。

三、黄金分割阻力位卖出法

1. 技术要点

黄金分割比率 0.618 是数学中的一个著名概念。2000 多年前，古希腊数学家欧多克斯首先提出黄金分割，其定义为"如果将长度为 L 的线段分为两部分，长的部分与 L 之比等于短的部分与长的部分之比，这一点占总长度 L 的比率（0.618）即为黄金分割比率"。股市中著名的"艾略特波浪理论"正是以黄金分割比率作为量度分析的工具，股市中的高点与低点之间都符合黄金分割比率。

了解了黄金分割比率的基本要点，便可结合股市中的波浪理论，去计算股价走势中的近似量度值，以股价近期走势中重要的高位值或低位值作为分割点，计算和测量未来走势。在股价上涨回调时，以低位值为基数，计算跌幅达到哪个比值时可能受到支撑，即计算未来的支撑位；在股价下跌反弹时，以高位值为基数，计算涨幅达到哪个比值时可能会遭遇阻力，即计算未来的阻力位。如图 5-15 所示，以股价下跌反弹的高位值为基数，计算可能的阻力位。

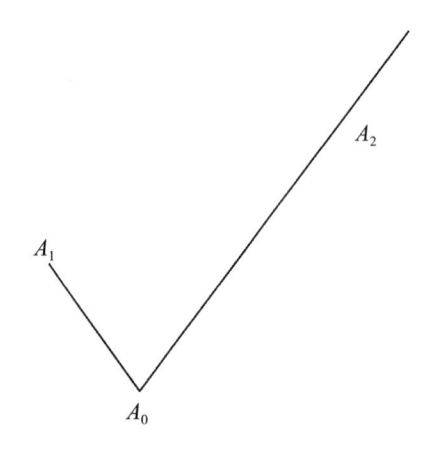

图 5-15　关键价位黄金分割法示意图

假设股价在上升趋势中的第一个高点为 A_1，随后回调过程中的低点为 A_0，那么从 A_0 位置开始的上涨行情，可能会遭遇下面的黄金分割阻力位（根据黄金比率计算出的阻力位）。

黄金分割阻力位 1 =（$A_1 - A_0$）× 0.618 + A_0

黄金分割阻力位 2 =（$A_1 - A_0$）× 1 + A_0

黄金分割阻力位 3 =（$A_1 - A_0$）× 1.618 + A_0

黄金分割阻力位 4 =（$A_1 - A_0$）× 2.618 + A_0

黄金分割阻力位 5 =（$A_1 - A_0$）× 4.236 + A_0

……

实战中，投资者应当将每个黄金分割阻力位在 K 线走势图中画出，用以研判可能的卖出时机。

股价在突破某一黄金分割阻力位后，可能会继续突破下一个黄金分割阻力位，也可能会转而跌回已突破的黄金分割阻力位，这需要结合盘中走势具体分析。

一般来说，投资者应当在确定跌势已定时，分析股价在黄金分割阻力位区间的走势，摸清基本规律，选择最佳时机卖出股票。

以黄金分割阻力位研判卖点的基本流程如下。

①观察建仓后的周 K 线走势，在盘面上标出后市可能的黄金分割阻力位。

②根据股价的走势，结合黄金分割阻力位研判卖点信号。

2. 实例一：巨轮股份（002031）

巨轮股份（002031）在 2009 年 9 月周 K 线从历史中线价格回跌 33% 历史价格线，此时根据本交易模型研判买点，2009 年 9 月 28—30 日这一周以 9 元成本买入股票，此时应观察周 K 线行情，利用黄金分割阻力位找到合适的卖点。

（1）观察建仓后的周 K 线走势，在盘面上标出后市可能出现的黄金分割阻力位。

如图 5-16 所示，首先应当标出"买点所在的底部区间最低点 A_0""之前下跌过程中最接近买点的高点 A_1""之前下跌过程中的阶段性高点 A_2"，在 3 个点上画三条直线。接下来，利用黄金分割阻力位的公式计算股价在随后的上升过程中可能遇到的黄金阻力位（见图 5-16 中的 A、B、C 位置）。

黄金分割阻力位 $A = （11.85 － 8.80）\times 0.618 + 8.80 \approx 10.68$

黄金分割阻力位 $B = （11.85 － 8.80）\times 1 + 8.80 = 11.85$

黄金分割阻力位 $C = （11.85 － 8.80）\times 1.618 + 8.80 \approx 13.73$

标注完 A_2、A_1、A_0（上升过程中可能出现的）几个黄金分割阻力位，接下来我们将根据后市行情走势研判卖点。

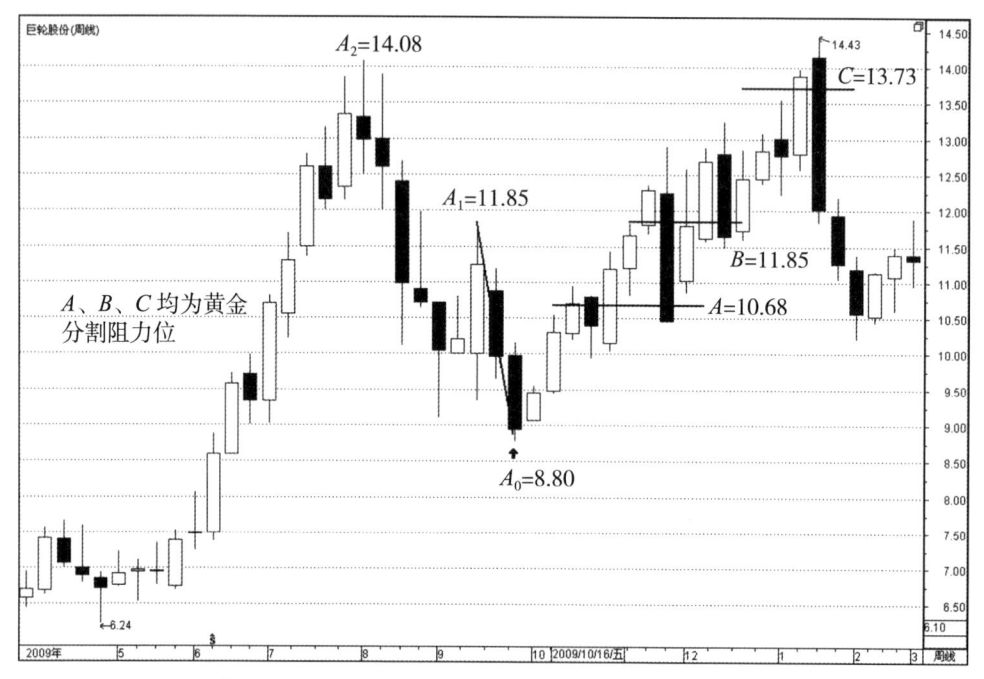

图 5-16　巨轮股份（002031）周 K 线黄金分割阻力位研判卖点示意图（一）

（2）根据周 K 线股价的走势，结合黄金阻力位研判卖点信号。

如图 5-17 所示，可以清晰地看出，黄金分割阻力位在盘面上起到"价格平台"的作用，不仅是股价上升时可靠的阻力位，也是股价下跌时有力的支撑位。在 A_0 的底部区间买入股票后，股价触底反弹，随后的三周走出比较标准的红三兵行情，形态最后一根阳线的收盘价刚刚站上黄金分割阻力位 A。

股价在阻力位 A 附近进行三周波动平稳的整理，又拉出一波红三兵行情，形态最后一根阳线的收盘价（12.29 元）高出黄金分割阻力位 B（11.85 元）较多，表明股价轻松站上第二个黄金分割平台。

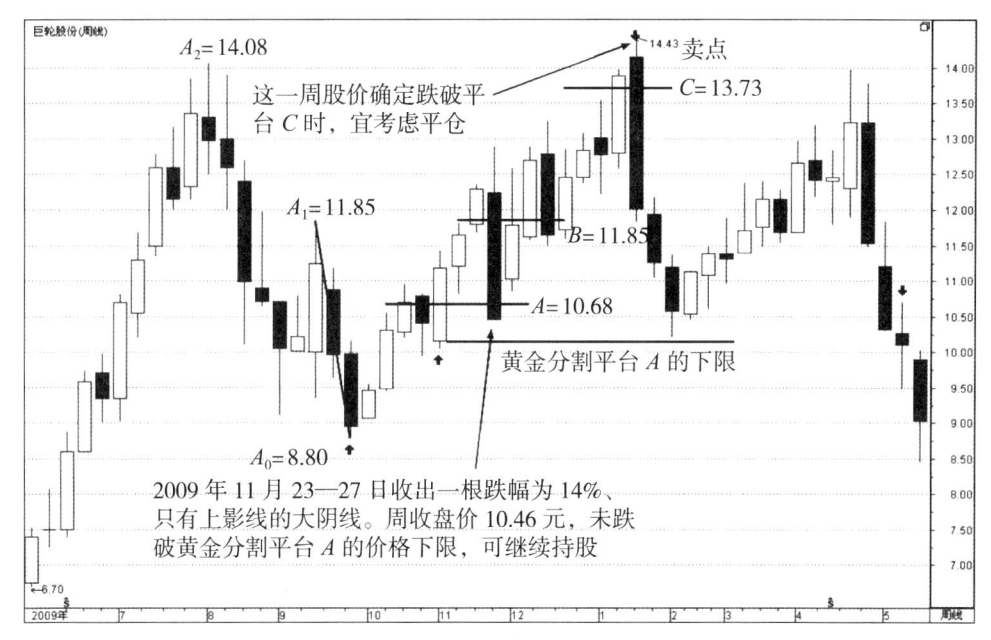

图 5-17　巨轮股份（002031）周 K 线黄金分割阻力位研判卖点示意图（二）

随后的一周风雨突变，2009 年 11 月 23—27 日收出一根跌幅为 14%、只有上影线的大阴线，预示这一周的获利抛压盘空前沉重，空头突然间非常强势。许多投资者股民都会受这根大阴线影响，觉得行情很可能出现反转，急欲抛出手中所持股票。

其实，此时只需要关注一个信号：这根下跌的周 K 线的收盘价是否跌破黄金分割平台 A 的价格下限（图中第二个上箭头，平台上 K 线实体的最低点，2009 年 11 月 3—6 日这一周的开盘价）。结果这一周的收盘价是 10.46 元，并未跌破黄金分割平台 A 的下限（10.15 元），这一结果意味着要看下一周行情才能研判后市。

短期的回挡已成事实，接下来的一周有三种可能的情况。

①收出跳空低开阴线，跌破黄金分割平台 A，此时持仓的投资者必须平仓走人。

②周 K 线实体压在黄金阻力位 A 上，但是周收盘价未跌破该平台，此时

投资者还需观望后市。

③收出跳空高开的阳线，准备向上突破黄金分割平台 B，这意味着股价短期回挡宣告结束，至少会在平台 B 停留一阵，此时持仓最安全。

仔细分析，这一周尽管跌幅较大，后市仍有较大变数，此时应稳住心神，静观其变。对于心理承受力一般的投资者，预感这一周有变数，可在股价确认跌破平台 B 时考虑卖出，但是这并非是理想的卖点。

2009 年 11 月 30 日至 12 月 4 日这一周，股价出现投资者所期待的走势：收出高开的倒锤子阳线，实现周 12% 的涨幅，上影线击穿了黄金分割阻力位 B，这意味着股价将上冲黄金分割平台 B。接下来的几周，股价连续收出实体压在平台 B 的不大不小的 K 线，将此平台夯实后，稳步迈上了黄金分割平台 C。

2010 年 1 月 18—22 日这一周（下箭头），股价刚升入黄金平台 C 不久，就创下 14.43 元的阶段性新高，并且突破了上一段行情高点 A_2 的阻力位（14.08 元），这是一个需要重视的信号：如果股价突破上一段行情的高点创下新高后，这一周能够以平稳的 K 线站稳黄金平台 C，就有可能在此平台上稍做整理，突破下一个黄金分割平台 D。

股价在创新高后迅速跌破平台 C，并且差一点周收盘价跌破平台 B。对投资者来说，赚取连续 3 个黄金分割阻力线之间的利润已经足够。这一周可在股价确定跌破平台 C 时以 13 元左右的价格卖出股票（见图 5-17 中的"卖点"）。

整个反弹波段的行情：2009 年 9 月末股价为 9 元，至 2010 年 1 月下旬股价为 14 元，此段行情涨幅为 55%。严格按照模型买卖点操作，4 个月的行情至少可获得 40% 的盈利，足见该股在当时走出一波典型的牛股行情。

通过分析股价在黄金分割阻力位之间的走势，我们得出了如下结论。

①股价如果下跌未破黄金分割平台的价格下限，将会反弹寻求上冲上一

级黄金分割平台。

②股价如果上升未站上或站稳黄金分割平台，将会回挡寻求下探下一级黄金分割平台。

该股的后续行情也验证了这一点：股价从 14.43 元高点向下跌破平台 C、平台 B，最终未能跌破平台 A 的下限，于是反弹再次突破平台 B，但由于买盘能量不足，无法碰到平台 C，再次下跌。

2010 年 5 月 10—14 日这一周（从右侧数的第一个下箭头处），在下跌途中收出一根螺旋桨阴线，当日收盘价击穿平台 A 的下限价格，股价随后跌破 A_0 的初始价位。

3. 实例二：中新药业（600329）

中新药业（600329，现为达仁堂），在 2007 年 10 月周 K 线跌破 25% 历史价格线，此时根据本书交易模型买入股票，随后观察周 K 线行情，利用黄金分割比率找到合适卖点。

（1）观察建仓后的周 K 线走势，在盘面上标出后市可能出现的黄金分割阻力位。

如图 5-18 所示，首先应当标出"买点所在的底部区间最低点 A_0""前一次下跌过程中的高点 A_1""盘面上的阶段性最高点 A_2"，在三个点上拉三条直线。接下来，利用黄金分割阻力位的公式计算股价在随后的上升过程中可能遇到的黄金阻力位（见图 5-18 中的 A、B、C 位置）。

黄金分割阻力位 A =（13.27 − 8.34）× 0.618 + 8.34 ≈ 11.39

黄金分割阻力位 B =（13.27 − 8.34）× 1 + 8.34 = 13.27

黄金分割阻力位 C =（13.27 − 8.34）× 1.618 + 8.34 ≈ 16.31

标注完 A_2、A_1、A_0（上升过程中可能出现的）三个黄金分割阻力位，接下来我们将根据后市行情走势研判卖点。

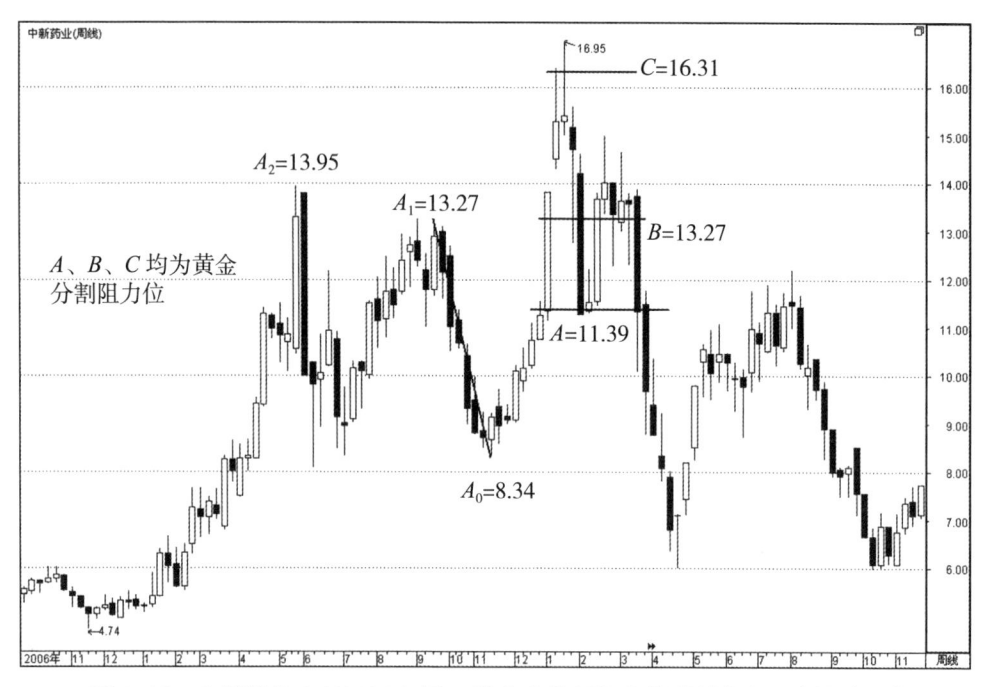

图 5-18　中新药业（600329）周 K 线黄金分割阻力位研判卖点示意图（一）

（2）根据周 K 线股价的走势，结合黄金阻力位研判卖点信号。

如图 5-19 所示，股价从 A_0 的底部区间开始反弹，随后股价开始平稳上升走势，2008 年 1 月 3—4 日拉出一根周涨幅 22% 的超级大阳线（涨势空前），不仅接连突破黄金分割平台 A、平台 B，还差一点碰到盘面上最高点 A_2 的价格，保守估计股价很可能随后在平台 B 上进行整理。

谁知该股在下一周（2008 年 1 月 7—11 日）又收出一根跳空高开、周涨幅为 10% 的倒锤子阳线，多头强势依旧。之前提到过：如果股价在突破盘面上的阶段性高点、创下新高后，这一周能够以平稳的 K 线站稳此黄金平台，就有可能在此平台上稍做整理，随后突破下一个黄金平台。这一周的周 K 线上影线较长，意味着卖盘的力量不小，下一周股价很可能下跌，可考虑在黄

金分割阻力位 C 的价格上卖出股票，赚足 3 个连续黄金分割阻力位区间的利润；如果未能在阻力位 C 点卖出，宜考虑再观望一周。

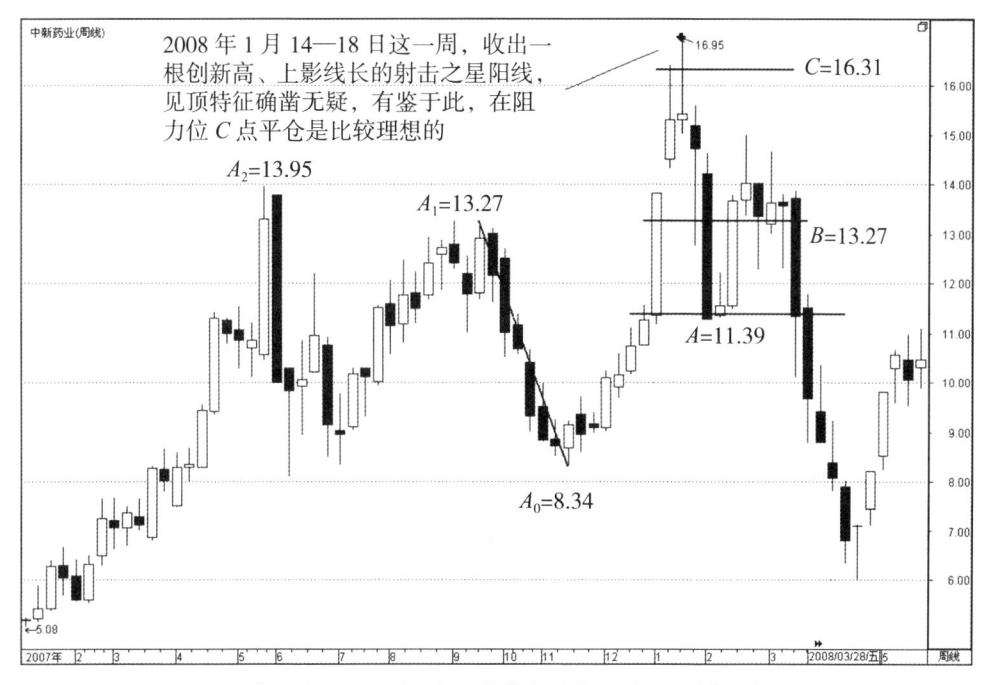

图 5-19　中新药业（600329）周 K 线黄金分割阻力位研判卖点示意图（二）

2008 年 1 月 14—18 日（下箭头处）这一周，收出一根再创 16.95 元新高、上影线非常长的射击之星阳线，结合上一周的倒锤子阳线，股价见顶的特征可以说确凿无疑，至少下一周肯定会回跌平台 B。这一周在阻力位 C 点或者以上的价格卖出是比较理想的。

股价从 A_0 底部区间以 8.60 元左右（2007 年 11 月中旬），升至 16.30 元左右的价格卖出（2008 年 1 月中旬），两个月时间涨幅 90%，走出了接近翻 1 倍的行情。

4. 实例三：烟台万华（600309）

烟台万华（600309，现为万华化学），2010 年 6 月周 K 线回跌历史价格空间25%以下，此时根据本书交易模型，应确定股价跌至阶段性底部，伺机买入股票，再观察周K线行情，利用黄金分割比率找出合适的卖点。

（1）观察建仓后的周K线走势，在盘面上标出后市可能出现的黄金分割阻力位。

如图5-20所示，首先应当标出"买点所在的底部区间最低点A_0""前一次下跌过程中的高点A_1""盘面上的阶段性最高点A_2"，在三个点上画三条直线。接下来，利用黄金分割阻力位的公式计算股价在随后的上升过程中可能遇到的黄金阻力位（见图5-20中的A、B、C位置）。

图5-20　烟台万华（600309）周K线黄金分割阻力位研判卖点示意图（一）

黄金分割阻力位 $A = (18.95 - 13.25) \times 0.618 + 13.25 \approx 16.77$

黄金分割阻力位 $B = (18.95 - 13.25) \times 1 + 13.25 = 18.95$

黄金分割阻力位 $C = (18.95 - 13.25) \times 1.618 + 13.25 \approx 22.47$

标注完 A_2、A_1、A_0、（上升过程中可能出现的）三个黄金分割阻力位，接下来我们将根据后市行情走势研判卖点。

（2）根据周 K 线股价的走势，结合黄金阻力位研判卖点信号。

如图 5-21 所示，股价从 A_0 的底部区间开始反弹，股价出现三武士及其延续走势，站上黄金分割平台 A，然后在平台 A 附近进行整理，接连 3～4 周周 K 线实体在阻力位 A 之下，上影线却连续击穿平台 A，说明卖盘气势不弱，股价尚未站稳平台 A。

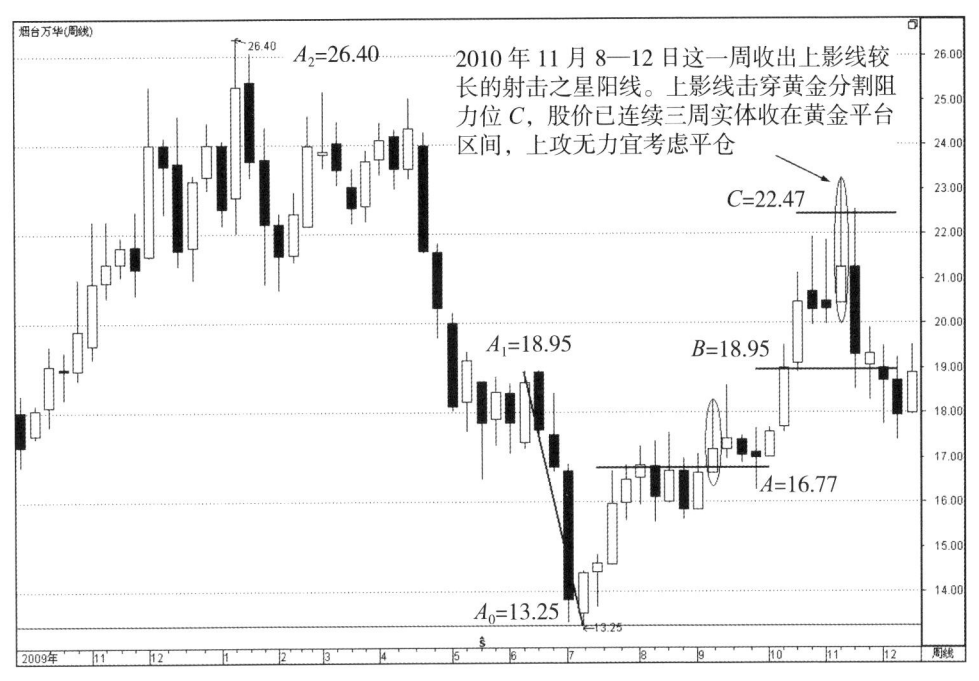

图 5-21　烟台万华（600309）周 K 线黄金分割阻力位研判卖点示意图（二）

直至 2010 年 9 月 6—10 日这一周，拉出一根没有下影线的射击之星阳线，尽管上影线较长，空头气势不减，但实体部分已然稳稳当当地压在黄金阻力位 A 上面，表明股价已站上平台，后市利好的可能性较大。随后的三周，周 K 线的实体部分始终保持在阻力位 A 之上，直至 2010 年 10 月

11—15 日这一周股价拉出一根涨幅为 8% 的大阳线,周收盘价刚刚站上黄金平台 B,上影线已击穿阻力位 B。随后的一周,周 K 线实体完全站稳平台 B,并且收出涨幅为 7% 的大阳线,这预示着股价的下一个目标将是突破黄金平台 C。

随后的两周收出一对"钳子顶"形态(两根上影线较长、最高价趋同、实体部分较小且悬在两个黄金分割平台之间的阴线)。股价实体悬在平台之间是最危险的状况,由于向下得不到平台支撑,很可能无力突破上面的平台,多数情况要重新跌回下面的平台,再积蓄力量上冲。

2010 年 11 月 8—12 日这一周收出一根没有下影线、上影线较长的射击之星阳线,上影线击穿了黄金分割阻力位 C,但是周中遭遇空头的强力打压,股价的实体部分依然收在 21 元左右,截至这一周股价已连续三周实体收在黄金平台区间,上攻无力,必然要回跌平台 B 找支撑,这一周在黄金分割阻力位 C 附近卖出股票应当是不错的选择。待到 2010 年 11 月 15—19 日这一周,出现一根上下击穿平台 B 和平台 C 的纵贯大阴线,这一周多空双方的争夺堪称惨烈,从结果看空头是赢家,大量的获利盘将股价由 21 元打压回 19 元附近,股价跌回平台 B 已成定局。

股价从 A_0 底部区间以 13.25 元(2010 年 7 月初)买入,升至 22 元左右的价格卖出(2010 年 11 月初),4 个月时间涨幅超过 60%。

四、底部翻倍阻力位卖出法

1. 技术要点

投资者所操作的行情,周 K 线股价一般在 25%～50% 的历史价格区间波动，利润空间也就是股价这一区间波动。如果说黄金分割比率是比较细致地划分出股价在底部上涨行情中可能遇到阻力位，那么底部翻倍涨幅则是将股价的上涨幅度划分为大致的几个底部翻倍阻力位：50%涨幅（阻力位）、80%涨幅、1倍涨幅、1.5倍涨幅、2倍涨幅……

投资者操作的行情，从波段底部开始算起涨幅至少为50%（不是以投资者模型的买点计算），一般情况下50%~100%的底部涨幅是正常的，当然若是赶上题材强势、股性活跃的牛股，很可能轻松实现底部翻2倍甚至更多整数倍的涨幅。

将行情的底部最低点设为A_0，那么上涨行情中可能遇到的底部翻倍阻力位有：

底部翻倍阻力位 1 = A_0 ×（1+50%）

底部翻倍阻力位 2 = A_0 ×（1+80%）

底部翻倍阻力位 3 = A_0 ×（1+100%）

底部翻倍阻力位 4 = A_0 ×（1+150%）

底部翻倍阻力位 5 = A_0 ×（1+200%）

……

实战中，投资者应当将可能出现的底部翻倍阻力位在周K线走势图中画出，用以研判可能的卖出时机。

股价在突破某一底部翻倍阻力位后，可能会继续突破下一个底部翻倍阻力位，也可能会转而跌回已突破的底部翻倍整数涨幅阻力位，要结合盘中走势具体分析。

一般来说，投资者应当在确定跌势不可逆转时，分析股价在底部翻倍阻力位区间的走势，摸清基本规律，选择最佳时机卖出股票。

以底部翻倍阻力位研判卖点的基本流程如下。

①观察建仓后的周K线走势，在盘面上标出后市可能的底部翻倍阻力位。

②根据周 K 线股价的走势，结合底部翻倍阻力位研判卖点信号。

2. 实例一：酒钢宏兴（600307）

酒钢宏兴（600307），2007 年 6 月周 K 线开始回踩 25% 历史价格线，此时应根据本交易模型伺机买入股票，再观察周 K 线行情，利用底部翻倍阻力位找到合适的卖点。

（1）观察建仓后的周 K 线走势，在盘面上标出后市可能出现的底部翻倍阻力位。

如图 5-22 所示，首先应当标出"买点所在的底部区间最低点 A_0"，在这一点上拉出直线。

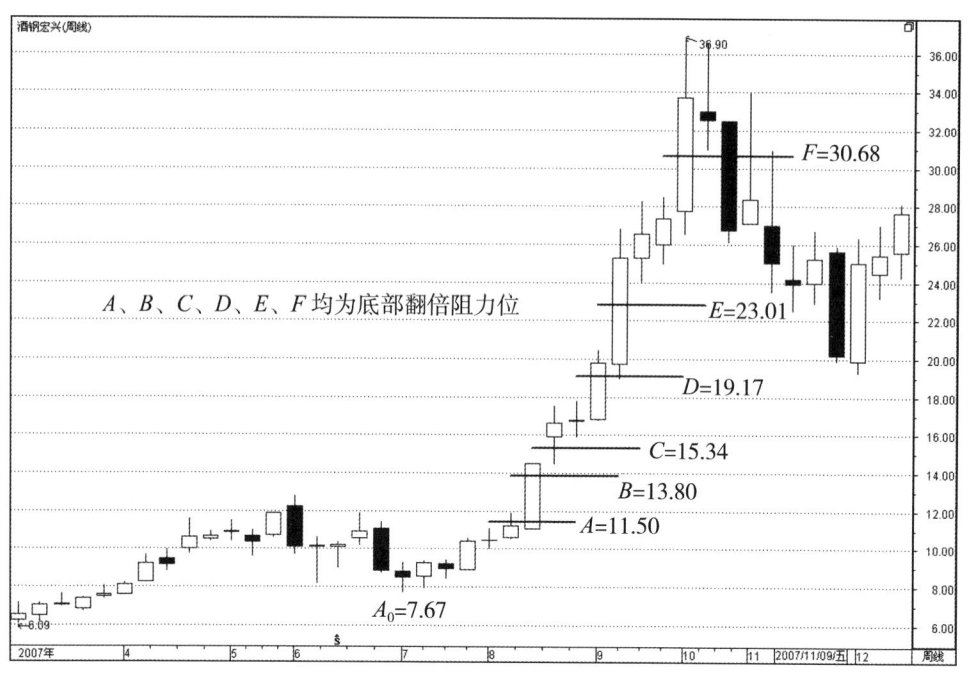

图 5-22　酒钢宏兴（600307）周 K 线底部翻倍阻力位研判卖点示意图（一）

接下来，利用底部翻倍阻力位的公式计算股价在随后的上升过程中可能遇到的底部翻倍阻力位：

底部翻倍阻力位 $A = 7.67 \times (1+50\%) \approx 11.50$

底部翻倍阻力位 $B = 7.67 \times (1+80\%) \approx 13.80$

底部翻倍阻力位 $C = 7.67 \times (1+100\%) \approx 15.34$

底部翻倍阻力位 $D = 7.67 \times (1+150\%) \approx 19.17$

底部翻倍阻力位 $E = 7.67 \times (1+200\%) \approx 23.01$

底部翻倍阻力位 $F = 7.67 \times (1+300\%) \approx 30.68$

标注完 A_0（上升过程中可能出现的）6 个黄金分割阻力位，接下来我们将根据后市行情走势研判卖点。

（2）根据周 K 线股价走势，结合底部翻倍阻力位研判卖点信号。

如图 5-23 所示，股价从 A_0 的底部区间开始反弹，起初走势跟前一段近乎于潜伏底的行情差不多，随着 2007 年 8 月 13—16 日拉出周涨幅为 22%、连续击穿 50% 和 80% 的底部翻倍阻力位（A 和 B）的实体大阳线，宣告上

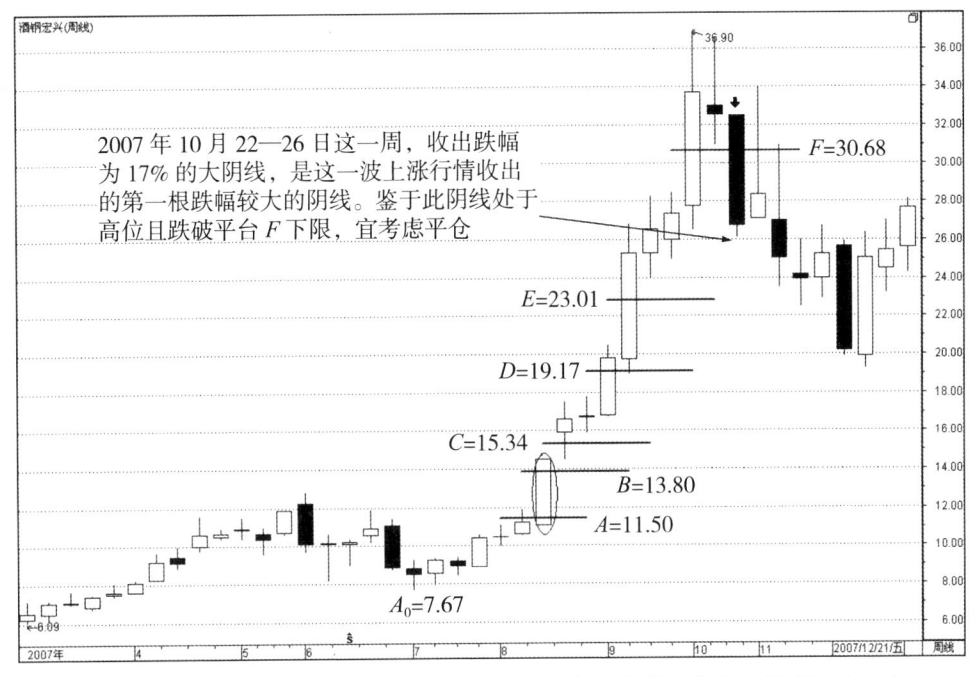

图 5-23　酒钢宏兴（600307）周 K 线黄金分割阻力位研判卖点示意图（二）

升行情启动。随后的一周，股价以螺旋桨小阳线跳上 1 倍涨幅的平台（C），仅停留三周，又以涨幅为 18% 的大阳线站上 1.5 倍的涨幅平台（D），以涨幅为 27% 的大阳线突破两倍的涨幅平台（E）。

2007 年 9 月 17—21 日这一周开始，该股又走出了三武士的上涨行情，不仅站上 3 倍涨幅平台（F），更创下 36.90 的阶段性新高。下一周收出一根上影线较长的十字阴线，股价升势有暂缓或下行的趋势。通常情况下，股价较底部最低点上涨两倍已接近极限，之后的行情随时可能下跌。2007 年 10 月 22—26 日，收出跌幅为 17% 的大阴线，这也是这一波翻 3 倍的周 K 线上涨行情收出的第一根跌幅较大的阴线。鉴于此阴线处于高位区，且已跌破平台 F 的下限，后市至少要跌至平台 E 进行短期整理。那么这一周在股价确定跌破平台 F 之后，宜考虑卖出股票。

股价从 A_0 底部区间以 8 元左右的成本价建仓（2007 年 7 月初），以 28 元左右的价格卖出（2007 年 10 月末），4 个月时间涨幅至少为 2.5 倍。该股在 2007 年 A 股大牛市中的表现非常夺目抢眼，堪称当时毫无疑义的一只大牛股。

3. 实例二：曙光股份（600303）

曙光股份（600303，现为 ST 曙光），2007 年 7 月周 K 线股价从 33%～50% 历史价格空间回踩，此时应根据本交易模型伺机买入股票，再观察周 K 线行情，利用底部翻倍阻力位找到合适的卖点。

（1）观察建仓后的周 K 线走势，在盘面上标出后市可能出现的底部翻倍阻力位。

如图 5-24 所示，首先应当标出"买点所在的底部区间最低点 A_0"，在这一点上拉出直线。接下来，利用底部翻倍阻力位的公式计算股价在随后的上升过程中可能遇到的底部翻倍阻力位：

底部翻倍阻力位 $A = 11.00 \times (1+50\%) = 16.50$

标注完 A_0（上升过程中可能出现的）底部翻倍阻力位，接下来我们将根据后市行情走势研判卖点。

图 5-24　曙光股份（600303）周 K 线底部翻倍阻力位研判卖点示意图（一）

（2）根据周 K 线股价走势，结合底部翻倍阻力位研判卖点信号。

如图 5-25 所示，股价从 A_0 的底部区间开始反弹，上涨过程较为平稳，其间在 13 元、15 元价格区间稍做停留，收出较多十字线，2007 年 9 月 10—14 日以涨幅 7% 的大阳线站上底部翻倍平台 A。随后的一周（9 月 17—21 日）收出一根上下影线较长的螺旋桨阴线，后市利空的可能性较大。2007 年 9 月 24—28 日这一周，股价较上一周低开低走，收盘时未跌破平台 A 的下限且下影线较长，意味着多头尚有反击之力，宜再观望一周。

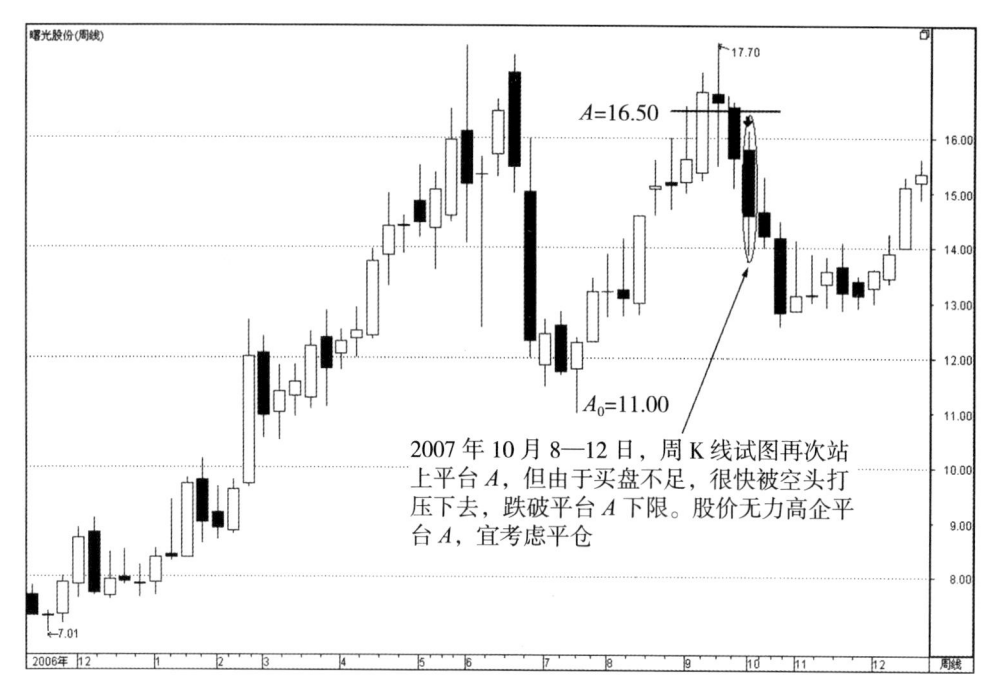

图 5-25　曙光股份（600303）周 K 线底部翻倍阻力位研判卖点示意图（二）

2007 年 10 月 8—12 日周 K 线曾试图再次站上平台 A，但由于买盘不足，很快被空头打压下去，跌破平台 A 的下限。在确定股价无力高企平台 A 时，宜考虑卖出股票。

股价从 A_0 底部区间以 11 元开始上升走势（2007 年 7 月下旬），最终以 16.50 元左右的价格卖出（2007 年 10 月上旬），3 个月时间涨幅为 50%。相比较案例一，该股在 2007 年 A 股大牛市中的表现只能说非常一般，只完成了底部翻倍的底线（50%）。可以说，底部翻倍阻力位是衡量股价上升行情可能的最小涨幅和最大涨幅的标尺。

4. 实例三：小天鹅 A（000418）

小天鹅 A（000418），2010 年 4 月发现周 K 线股价从历史价格中线附近回跌，此时应根据本交易模型伺机买入股票，再观察周 K 线行情，利用底部翻倍阻力位找到合适的卖点。

（1）观察建仓后的周K线走势，在盘面上标出后市可能出现的底部翻倍阻力位。

如图5-26所示，首先应当标出"买点所在的底部区间最低点A_0"，在这一点上拉出直线。接下来，利用底部翻倍阻力位的公式计算股价在随后的上升过程中可能遇到的底部翻倍阻力位：

底部翻倍阻力位 $A = 11.91 \times (1+50\%) = 17.86$

底部翻倍阻力位 $B = 11.91 \times (1+80\%) \approx 21.43$

标注完A_0（上升过程中可能出现的）底部翻倍阻力位，接下来我们将根据后市行情走势研判卖点。

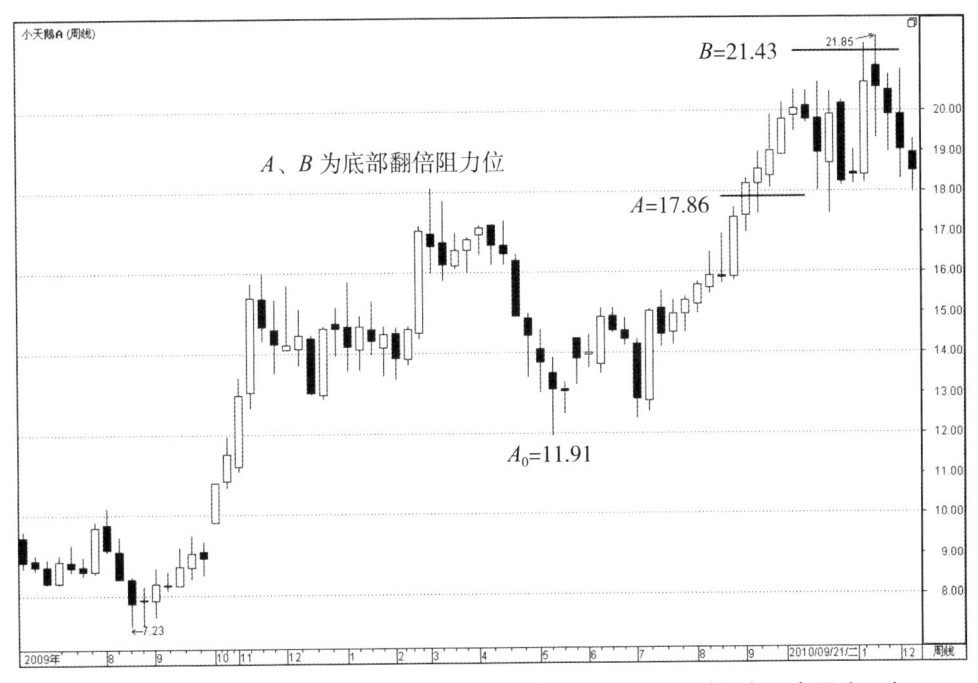

图5-26 小天鹅A（000418）周K线底部翻倍阻力位研判卖点示意图（一）

（2）根据周 K 线股价走势，结合底部翻倍阻力位研判卖点信号。

如图 5-27 所示，股价从 A_0 的底部区间开始反弹，形态上走出一个疑似有效力的双重底形态。股价在形态回挡之后开始迅速向上攀升。2010 年 8 月 23—27 日这一周拉出涨幅为 9% 的大阳线，股价非常接近底部翻倍的平台 A（50% 涨幅），下一周终于实体部分站上平台 A，开始上冲平台 B。股价升至 20 元附近，买气不足，开始回挡，所幸周 K 线实体未回踩平台 A。

图 5-27　小天鹅 A（000418）周 K 线底部翻倍阻力位研判卖点示意图（二）

2010 年 11 月 8—12 日这一周，拉出涨幅为 12% 的大阳线，较长的上影线击穿底部翻倍平台 B，股价有望站上平台 B，且看下一周走势如何。2010 年 11 月 15—19 日，收出创 21.85 元新高、上下影线不短的螺旋桨阴线，后市见顶下跌的可能性非常大，投资者宜考虑这一周在阻力位 B 附近卖出股票。

五、综合运用四大卖出法则

本节从实战角度出发，综合运用本章提到的四种卖点研判法则。当投资者按照模型要求在阶段性底部区间建仓后，随后观察周 K 线走势，分别通过四种卖出法则研判相应的卖点信号，当全部四种卖点信号都集中（或者多数卖点信号集中）在某一周，这一周即是理想的周 K 线卖出点。

1. 实例一：亨迪药业（301211）

次新股亨迪药业（301211）上市后走了半年多的下降趋势，于 2022 年 10 月 10—14 日这一周探底 15.95 元，周 K 线走势如图 5-28 所示。利用画图工具中的"百分比线"工具，自下而上（由最低点至最高点）自动划分出 4 个价格区间：0～25%、25%～33%、33%～50%、50%～100%。

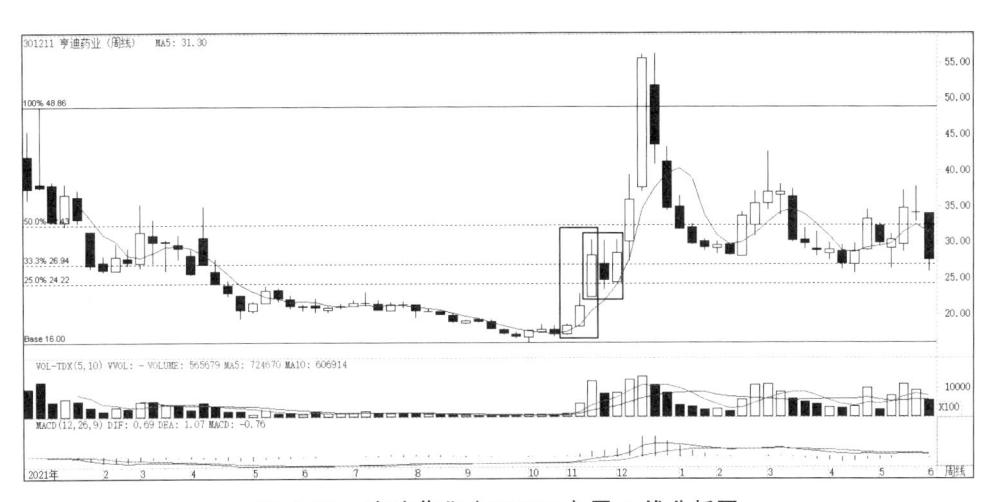

图 5-28 亨迪药业（301211）周 K 线分析图

股价从 0～25% 区间进入 25%～33% 区间是以三武士形态完成的，且第三根阳线收盘站上了 33%～50% 区间。此阳线又与随后的两根 K 线组成了两阳夹一阴的多方炮形态，并在 25%～50% 区间做横盘整理。K 线形态与历史价格空间形成了多头共振,是非常适合建仓的位置。

下面综合运用"短周期均线""历史阻力区间""黄金分割阻力位""底部翻倍阻力位"这四大卖出法则找出合适的卖点。

(1)利用 5 周均线研判卖点信号。

由于次新股的价格运动比较活跃,可以仅用 5 周均线研判卖点。如图 5-29 所示,股价从 A_0 的底部位置开始上升趋势,快速站上 5 周均线后做窄幅整理,并在多方炮形态后价格大幅上涨,仅 2022 年 12 月 12—16 日这一周的涨幅就超过 55%。其间收盘价均未回踩 5 周均线,直至 2022 年 12 月 26—30 日这一周收盘价为 34.65 元,低于 5 周均线(39.63 元)。

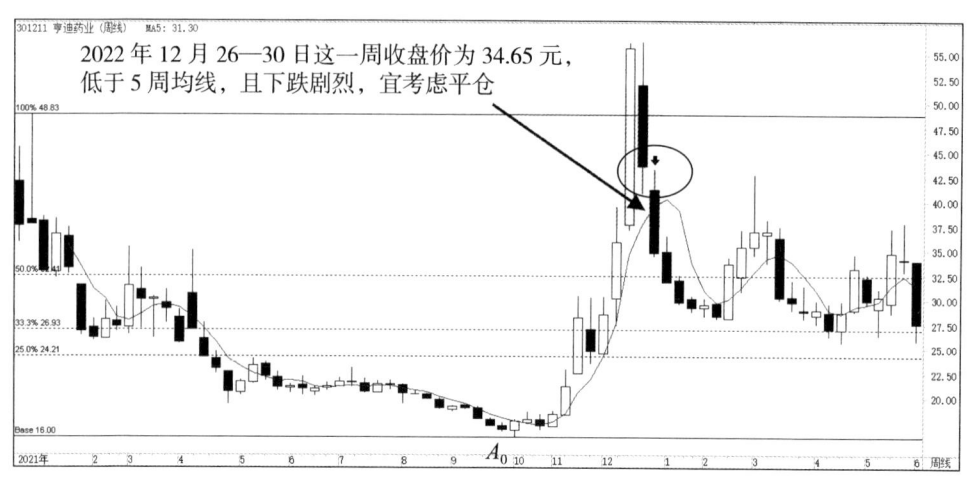

图 5-29 亨迪药业(301211)周 K 线利用 5 周均线研判卖点示意图

观察 2022 年 12 月 26—30 日这一周的 K 线与前一根 K 线仅在影线部位有重叠,开盘价略高于前一根 K 线的最低价,且最高价 43.27 元低于前一根 K 线的收盘价 43.49 元。这是非常剧烈的下跌走势。

如图 5-30 所示,在日线级别可以看到,2022 年 12 月 27 日这一天的收盘价为 37.43 元,低于 20 日均线(40.39 元)。这根跌幅 13.3% 的大阴线,不仅跌破了 20 日均线,且再次确认了之前上升趋势出现的 43 元附近缺口得到了回补。这段下跌十分剧烈，宜赶紧落袋为安。

以 5 周均线研判，卖点在 2022 年 12 月 26—30 日这一周，日线级别出现在 2022 年 12 月 27 日。

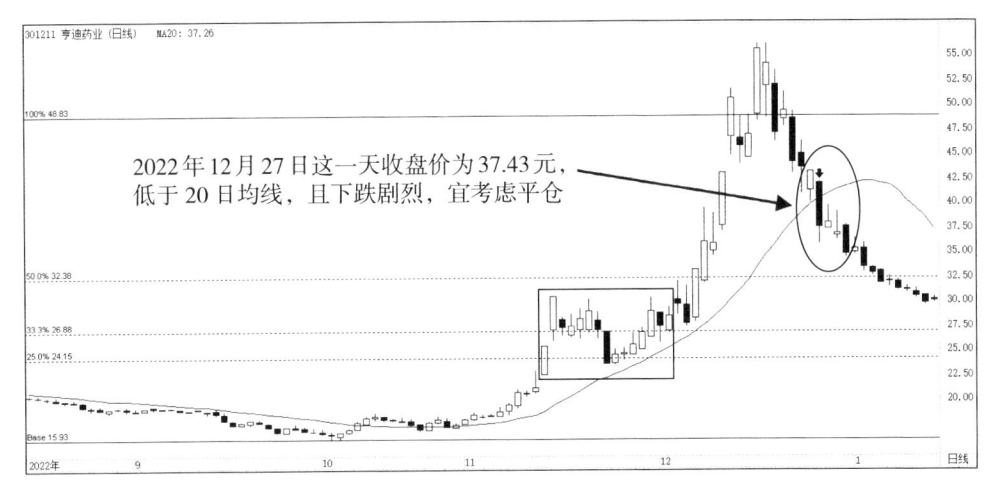

图 5-30　亨迪药业（301211）日 K 线研判卖点示意图

（2）利用历史阻力区间研判卖点信号。

回到图 5-28 的周 K 线图，该股的历史最高价 48.80 元是在上市之后第二周（2021 年 12 月 27—31 日）出现的。这一周形成了长上影线的倒锤子线，在整个下降趋势里成交量也是最高的一周，说明卖方力量巨大。

将倒锤子线的价格范围 37.54～48.80 元作为历史阻力区间，股价在 2022 年 12 月上冲该价格区间，需要重点关注，及时卖出。如图 5-31 所示，利用画图工具中的"矩形"工具，将历史阻力区间在日线图中画出，分别设定矩形的定位点，定位点 1 为 48.80（横坐标时间 20221118），定位点 2 为 37.54（横坐标时间 20230111）。

在周 K 线图上，股价在 2022 年 12 月 12—16 日这一周突破了历史阻力区间的上沿，即历史最高价 48.80 元。随后于 2022 年 12 月 19—23 日这一周，股价重新回到历史阻力区间内。

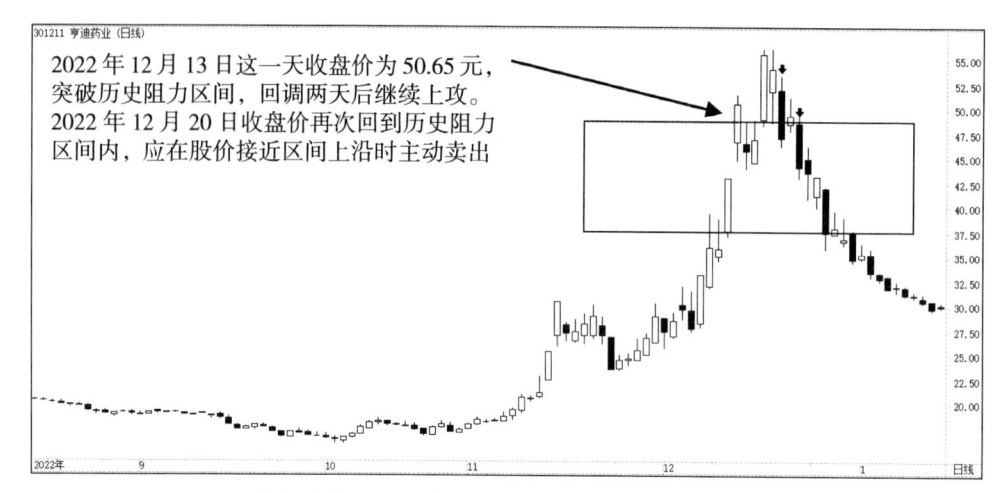

图 5-31 亨迪药业（301211）日 K 线利用历史阻力区间研判卖点示意图

在日 K 线图上，2022 年 12 月 20 日（周二）收盘价 46.99 元低于历史阻力区间上沿 48.80 元。因此该周剩余几天最好抓紧时间在 47～49 元之间卖出。

根据历史阻力区间研判，卖点在 2022 年 12 月 19—23 日这一周出现，日线级别出现在 2022 年 12 月 20 日。

（3）利用黄金分割阻力位研判卖点信号。

如图 5-32 所示，在周 K 线图上首先分别标出"底部区间的最低点 A_0""下跌过程中最接近最低点的高点 A_1""下跌过程中的其他阶段性高点 A_2、A_3"，连接 A_0 和 A_1 作一条直线。

接下来利用黄金分割阻力位的公式，计算股价在随后的上涨过程中可能遇到的阻力位：

黄金分割阻力位 A =（23.15-15.95）× 0.618+15.95 ≈ 20.40

黄金分割阻力位 B =（23.15-15.95）× 1+15.95 ≈ 23.15

黄金分割阻力位 C =（23.15-15.95）× 1.618+15.95 ≈ 27.60

黄金分割阻力位 D =（23.15-15.95）× 2.618+15.95 ≈ 34.80

黄金分割阻力位 E =（23.15-15.95）× 4.236+15.95 ≈ 46.65

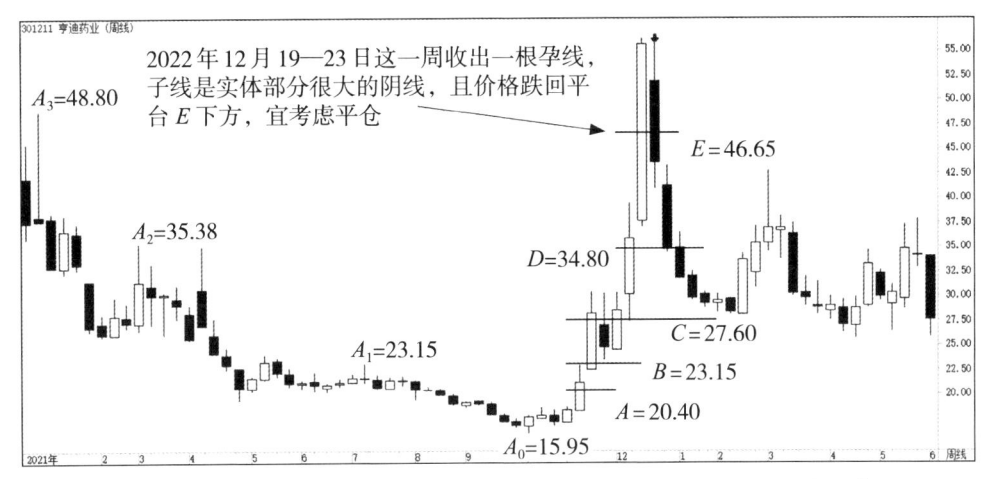

图 5-32　亨迪药业（301211）周 K 线利用黄金分割阻力位研判卖点示意图

在周 K 线图上分别标注各个黄金阻力位，接下来根据后市行情走势研判卖点。

如图 5-32 所示，股价从 A_0 的底部区间横盘整理两周后迅速上升，总共仅花四周时间，以大阳线站稳黄金分割平台 A，同时冲击平台 B，并于次一周以大阳线站稳平台 C。从 A_0 至平台 C 的这一段上升趋势非常强。随后又在平台 B 和平台 C 之间盘整两周，再一次以大阳线站稳平台 D，后续又以大阳线站稳平台 E。

2022 年 12 月 19—23 日这一周收出一根孕线，子线是实体部分很大的阴线，且价格跌回平台 E 下方。考虑到前面已经走完一段强劲的上升趋势，此时宜考虑及时落袋为安。

根据黄金分割阻力位研判，卖点出现在 2022 年 12 月 19—23 日这一周。

（4）利用底部翻倍阻力位研判卖点信号。

如图 5-33 所示，首先在周 K 线图上标出"底部区间的最低点 A_0"。接下来利用底部翻倍阻力位的公式，计算股价在随后的上升过程中可能遇到的底部翻倍阻力位：

底部翻倍阻力位 $A = 15.95 \times (1+50\%) \approx 23.93$

底部翻倍阻力位 $B = 15.95 \times (1+80\%) \approx 28.71$

底部翻倍阻力位 $C = 15.95 \times (1+100\%) \approx 31.90$

底部翻倍阻力位 $D = 15.95 \times (1+150\%) \approx 39.88$

底部翻倍阻力位 $E = 15.95 \times (1+200\%) \approx 47.85$

在周 K 线图上分别标注各个底部翻倍阻力位，接下来根据后市行情走势研判卖点。

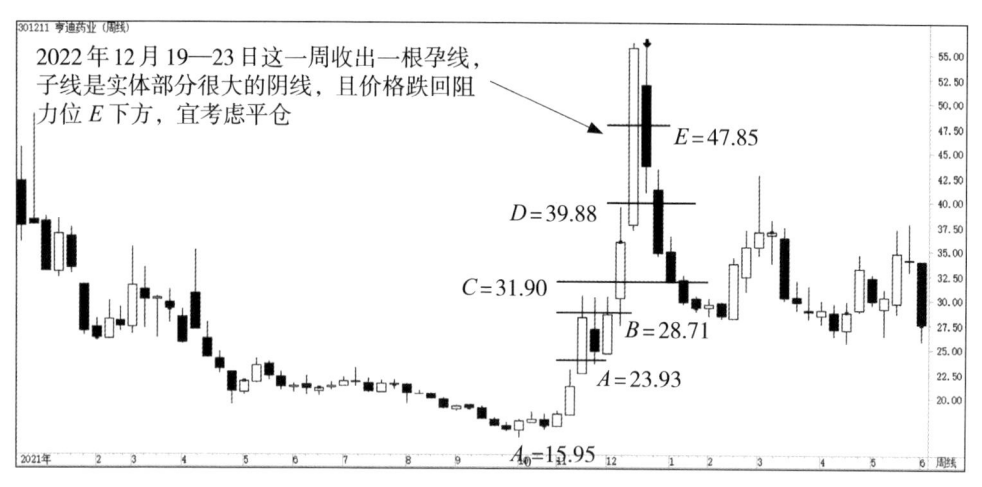

图 5-33 亨迪药业（301211）周 K 线利用底部翻倍阻力位研判卖点示意图

如图 5-33 所示，股价从 A_0 的底部区间做横盘整理后迅速上升，仅花四周时间，以大阳线站稳底部翻倍阻力位 A，同时冲击阻力位 B。随后两周又在阻力位 A 和阻力位 B 之间横盘整理，且形成多方炮形态。下一周快速突破阻力位 B，但是遇到阻力位 C 回落。再下一周快速突破阻力位 D 和阻力位 E。

2022 年 12 月 19—23 日这一周收出一根孕线，子线是实体部分很大的阴线，且价格跌回阻力位 E 下方。考虑到前面已经走完一段强劲的上升趋势，此时宜考虑及时落袋为安。

根据底部翻倍阻力位研判，卖点出现在 2022 年 12 月 19—23 日这一周。

（5）根据四种方法的卖点信号，研判卖出时间及价格。

根据以上四种卖出方法研判的结果，卖点出现在2022年12月19—23日这一周，卖出价格的范围为46.65～48.80元之间。

交易次新股的时候，要考虑主力派发的价格优势区间。本例中，当股价在20元以下时，市场交易清淡。而2022年10—12月的快速上涨中，投资者要想拿稳，是需要一定的操盘经验的。这段上涨可以视为给后续25～40元的区间派发打基础，让散户感觉"买在30元左右，价格不贵，因为该股曾经涨到过56元"。

2. 实例二：沈阳机床（000410）

沈阳机床（000410），2010年7月周K线回探历史空间25%以下，此时应根据本书介绍的交易模型，确定股价跌至阶段性底部（9.50元附近），伺机买入股票，再观察周K线行情，综合运用"短周期均线""历史阻力区间""黄金分割阻力位""底部翻倍阻力位"这四大卖出法则找出合适的卖点，综合分析后确定理想的卖出时机。

（1）5周均线或10周均线研判卖点信号。

首先，以重要的MA5（5周均线）研判卖点。如图5-34所示，股价从A_0的底部区间开始上升走势，很快突破5周均线，平稳上升，其间收盘价始终未回踩5周均线，直至2010年9月6—10日这一周收盘价12.90元略低于MA均线价（12.92元），第一次回踩破5周均线且5周均线走势趋平，后市利空可能性较大。

下一周（2010年9月13—17日）股价曾有过上冲走势，但随即遭遇获利盘的打压，股价迅速跌破5周均线且跌势不小，MA5走势呈明显下行态势。只是参考5周均线，宜考虑在当周均线价12.90元附近卖出股票。

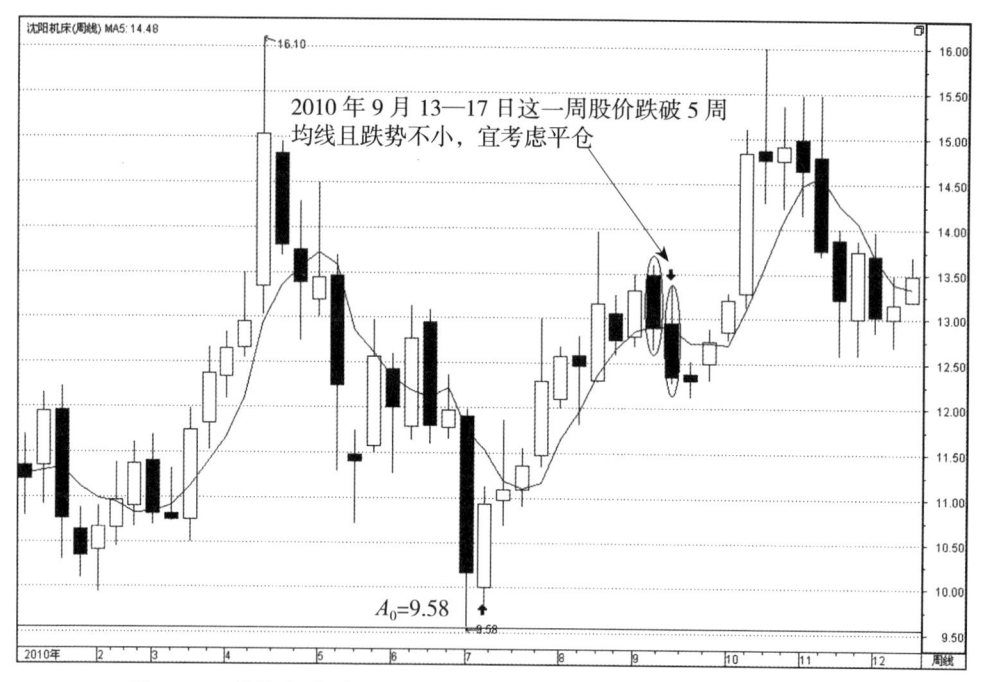

图 5-34 沈阳机床（000410）周 K 线利用 5 周均线研判卖点示意图

接下来，再以 10 周均线研判卖点。如图 5-35 所示，股价上升初期始终在 10 周均线以上运行，直至 2010 年 9 月 6—10 日这一周才回踩破了 10 周均线。2010 年 9 月 20—21 日（周中停盘 3 天）收出一根实体和上下影线较短的十字阴线，收盘价依然在 10 周均线以下，但是 10 周均线本身走势是向上的，此时宜持股观察后市。股价在之后的三周走出一波三武士行情，然后在 15 元区间进行高位整理，随即开始下跌，于 2010 年 11 月 15—19 日第三次回踩破 10 周均线。若走势前两次回踩破 10 周均线，应当在股价从均线以上第三次接近回踩的那一周考虑卖出股票。

2010 年 11 月 8—12 日，10 周均线走势由大角度上升变为升势趋缓，这一周股价开始大幅回踩均线，宜考虑在 14.50 元左右卖出股票。

根据 5 周均线、10 周均线这两根短周期均线综合研判，卖点信号为 2010 年 11 月 8—12 日这一周。

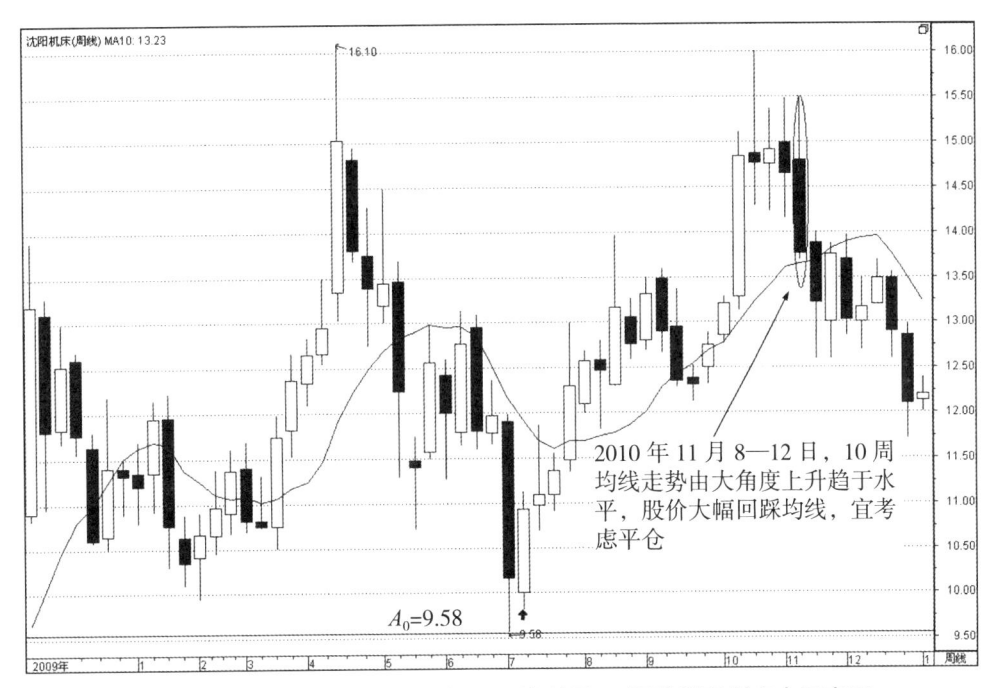

图 5-35 沈阳机床（000410）周 K 线利用 10 周均线研判卖点示意图

（2）利用历史阻力区间研判卖点信号。

首先，在周 K 线上画出历史阻力区间。如图 5-36 所示，历史阻力区间由 2010 年 3 月 22 日至 6 月 25 日的十几根周 K 线组成，阻力区间价格范围是 11.28～16.10 元。阻力区间最高价是 4 月 12—16 日的周最高价，阻力区间最低价是 5 月 31 日至 6 月 4 日的周最低价。

股价在 A_0 底部区域建仓后，连拉多根阳线，迅速升至 13 元平台做整理，连收 3 根阴线，稍做短期回挡，此次回挡距历史阻力区间的下限很远，无须担心。随后三周拉出三武士行情，一跃冲上 15 元平台，在 2010 年 10 月 18—22 日收出一根上影线较长的十字阴线，周最高点 16.00 元非常接近前一段行情 16.10 元的阶段新高。以历史阻力区间找卖点，应在股价最接近区间上限时考虑卖出，因此这一周宜考虑在 15.50～16 元卖出。

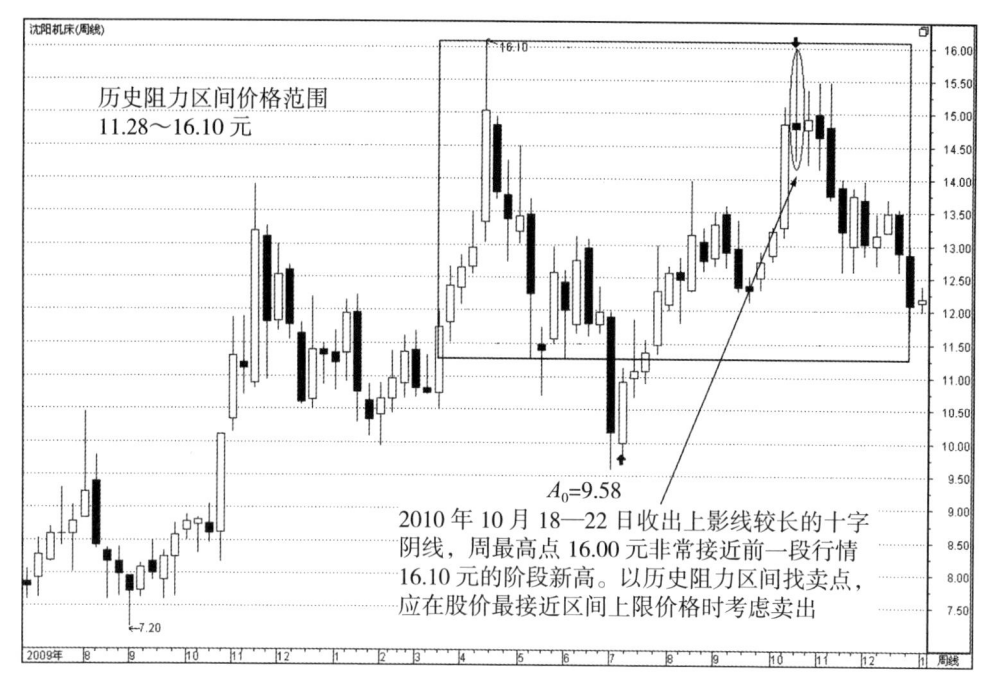

图5-36 沈阳机床（000410）周K线利用历史阻力区间研判卖点示意图

图中标注：历史阻力区间价格范围 11.28～16.10元

$A_0=9.58$

2010年10月18—22日收出上影线较长的十字阴线，周最高点16.00元非常接近前一段行情16.10元的阶段新高。以历史阻力区间找卖点，应在股价最接近区间上限价格时考虑卖出

根据历史阻力区间研判，卖点信号为2010年10月18—22日这一周。

（3）利用黄金分割阻力位研判卖点信号。

首先，应当标出"买点所在的底部区间最低点A_0""下跌过程中最接近买点的高点A_1""下跌过程中的阶段性高点A_2"，在三个点上画三条直线。接下来，利用黄金分割阻力位的公式计算股价在随后的上升过程中可能遇到的黄金阻力位（见图5-37）：

黄金分割阻力位 $A = (13.13 - 9.58) \times 0.618 + 9.58 \approx 11.77$

黄金分割阻力位 $B = (13.13 - 9.58) \times 1 + 9.58 = 13.13$

黄金分割阻力位 $C = (13.13 - 9.58) \times 1.618 + 9.58 \approx 15.32$

标注完A_2、A_1、A_0（上升过程中可能出现的）黄金分割阻力位，接下来我们将根据后市行情走势研判卖点。

如图 5-37 所示，股价从 A_0 的底部区间迅速上升，用了 4 周时间以大阳线站稳黄金分割平台 A，又以 3 周时间站上平台 B。随后股价在平台 B 附近盘整，小幅回挡至 12.50 元，随后又是三武士的走势，在 2010 年 10 月 18—22 日这一周收出上影线击穿平台 C 的十字阴线；下一周是一根实体稍大的螺旋桨阳线，上影线刚刚击穿平台 C。连续两周都是上影线较长的十字线，表明多空双方在这一价格区间斗争非常激烈，后市实体部分能否站上平台 C 存疑。

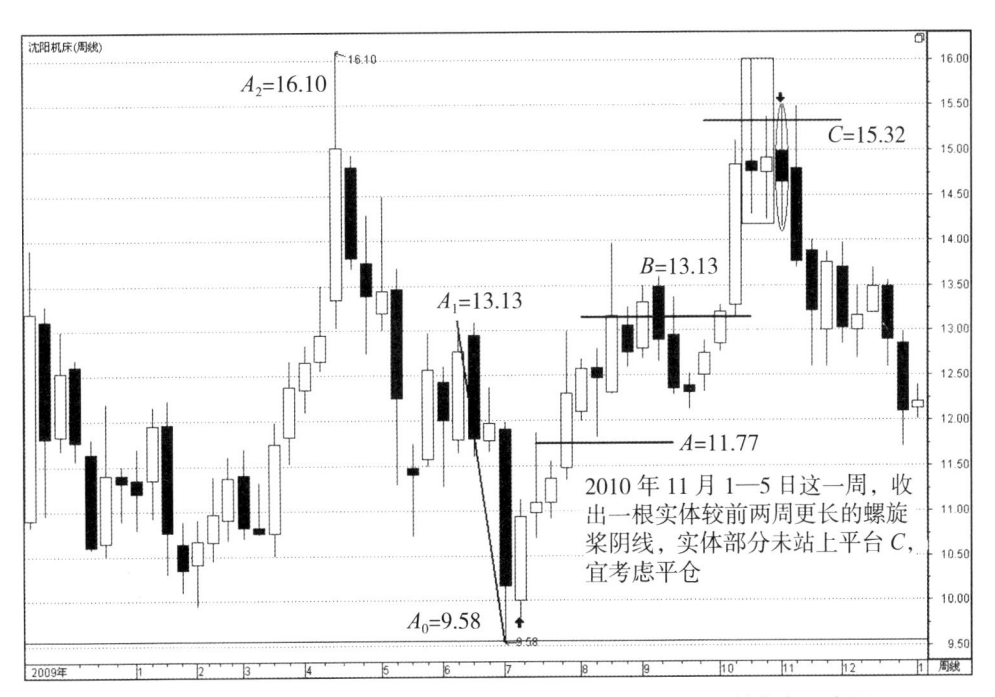

图 5-37　沈阳机床（000410）周 K 线黄金分割阻力位研判卖点示意图

2010 年 11 月 1—5 日这一周，还是收出一根实体较前两周更长的螺旋桨阴线，上影线依然击穿平台 C，至此连续三周收出上下影线较长的 K 线，实体部分并未站上平台 C，后市看淡的可能性较大，此时宜考虑在黄金分割阻力位 C 附近（15.32 元）卖出股票。

根据黄金分割阻力位研判，卖点信号为 2010 年 11 月 1—5 日这一周。

（4）利用底部翻倍阻力位研判卖点。

首先应当标出"买点所在的底部区间最低点 A_0"，在这一点上拉出直线。接下来，利用底部翻倍阻力位的公式计算股价在随后的上升过程中可能遇到的底部翻倍阻力位：

底部翻倍阻力位 $A = 9.58 \times (1+50\%) \approx 14.37$

如图 5-38 所示，股价从 A_0 的底部区间开始反弹，股价经过一轮持续上涨，在 12.50～13 元之间进行整理，随后走出三武士行情，一举突破底部翻倍阻力位 A。之后的三周连续出现 3 根十字线，实体部分均在底部翻倍平台 A 之上，后市很可能在平台 A 附近整理。2010 年 11 月 8—12 日这一周股价以一根大阴线跌破平台 A，预示后市很可能一路下行，此时宜考虑在阻力位 A（14.37 元）附近卖出股票。

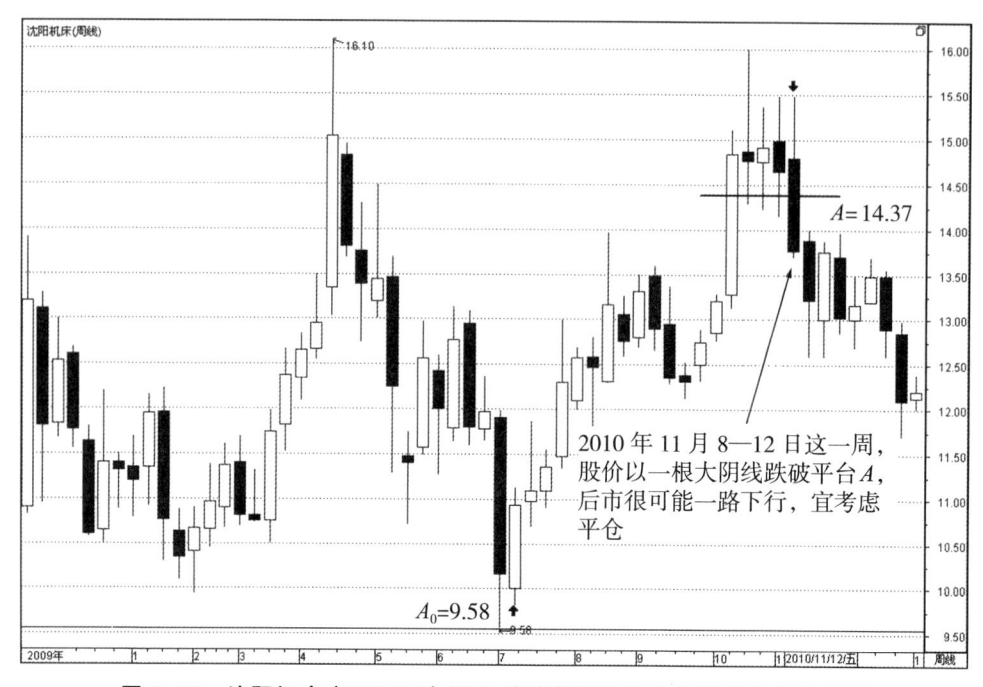

图 5-38　沈阳机床（000410）周 K 线底部翻倍阻力位研判卖点示意图

根据历史阻力区间研判，卖点信号为 2010 年 11 月 8—12 日这一周。

（5）根据四种方法的卖点信号，确定最终卖出时间及价格。

综合上面四种卖出法则研判的结果，卖出时间应为 2010 年 10 月 18 日至 11 月 12 日（4 根周 K 线），卖出价格的范围为 14.37～16.00 元。

对投资者来说，要优先考虑一个关键性卖点：当此段上升行情的卖点非常接近上一段下跌行情的最高点时，不应犹豫和多想，率先考虑卖出。由此可得出此段行情的可靠卖点信号如下。

① 2010 年 10 月 18—22 日为首选的周 K 线卖出时间，卖出价格应在 16 元附近。

② 2010 年 11 月 8—12 日为最迟的周 K 线卖出时间，卖出价格应不低于 14 元。